cocina rápida y

fitness

Textos HELEN O'CONNOR
Estilo WENDY BERECRY
Fotografía HARM MOL

TRIDENT PRESS
INTERNATIONAL

Introducción

El desempeño personal está directamente relacionado con lo que se ingiere. Este libro contiene recetas fáciles e interesantes que han sido especialmente diseñadas para satisfacer las necesidades de los deportistas. Todas tienen sus porcentajes, de manera que se puede apreciar rápidamente si poseen un contenido elevado, medio o bajo de carbohidratos, grasas y fibras. También contienen información nutricional clara y actualizada, que ayuda al deportista para que desarrolle un plan de alimentación que se ajuste a sus requerimientos individuales.

Publicado por:
TRIDENT PRESS INTERNATIONAL
801 12th Avenue South, Suite 400
Naples, Fl 34102 USA
Tel: + 1 239 649 7077
Fax: + 1 239 649 5832
Email: tridentpress@worldnet.att.net
Sitio web: www.trident-international.com

cocina rápida y fácil
fitness

EDITORIAL
Gerente de edición: Rachel Blackmore
Textos: Helen O'Connor BSc Dip N.D.
Editores de cocina: Sheryle Eastwood, Linda Venturoni
Asistente de edición de cocina: Anneka Mitchell
Ecónoma: Donna Hay
Realización de recetas: Belinda Clayton, Sue Geraghty
Asistente de producción y edición: Heather Straton
Coordinadora editorial: Margaret Kelly
Fotografía: Harm Mol
Estilo: Wendy Berecry

DISEÑO Y PRODUCCIÓN
Directora de producción: Anna Maguire
Gerente de diseño: Drew Buckmaster
Coordinación de producción: Meredith Johnston
Editor de producción: Sheridan Packer
Diseño y armado: Lulu Dougherty

TRADUCCIÓN AL ESPAÑOL
Coordinación general: Isabel Toyos
Traducción: Graciela Jáuregui Lorda
Adaptación de diseño: Mikonos, Comunicación Gráfica
Corrección y estilo: Aurora Giribaldi y Marisa Corgatelli

Incluye índice
ISBN 1 58279 435 9
EAN 9 781582 794358

Edición impresa en 2003

Impreso en Colombia

ACERCA DE ESTE LIBRO

ANÁLISIS NUTRICIONAL

Cada receta tiene un análisis de su contenido
calórico, de carbohidratos, grasas y fibras.
Se utilizaron los siguientes parámetros:

CARBOHIDRATOS
Estimados sobre el porcentaje de energía
de los carbohidratos

menos del 50%	bajo
50-60%	medio
más del 60%	elevado

GRASAS
Estimados sobre el porcentaje de energía
de las grasas por porción

menos del 20%	bajo
20-35%	medio
más del 35%	elevado

FIBRAS

menos de 2 g por porción	bajo
2-6 g por porción	medio
más de 6 g por porción	elevado

INGREDIENTES

Salvo que se especifique lo contrario, en este libro
se usan los siguientes ingredientes:

Crema	doble, apta para batir
Harina	blanca o común
Azúcar	blanca

ALIMENTOS EN LATA

El tamaño de las latas varía según los países y las
marcas. Puede ocurrir que las cantidades citadas
en este libro difieran ligeramente de las que usted
consiga. Compre y use latas del tamaño más
cercano al que se sugiere en la receta.

MICROONDAS

Siempre que en el libro haya instrucciones para
microondas, se consideró una potencia de salida
de 840 watts (IEC705 - 1988) o 750 watts
(AS2895 - 1986). La potencia de salida de la
mayoría de los hornos de microondas domésticos
varía entre 600 y 900 watts o 500 y 800 watts,
de modo que puede ser necesario corregir
ligeramente los tiempos de cocción según la
potencia de su microondas.

¿CUÁNTO MIDE UNA CUCHARADA?

Las recetas de este libro fueron probadas con
cucharas de 20 ml. Todas las medidas son al ras.
En países donde son más comunes las cucharas de
15 ml, la diferencia será irrelevante en la mayoría
de las recetas. En las que llevan polvo para
hornear, gelatina, bicarbonato de sodio o pequeñas
cantidades de harina o almidón de maíz, conviene
añadir una cucharadita a cada una de las
cucharadas que se indiquen.

Contenido

*Desayunos
moño azul 8*

*Zambullirse en un
trago 48*

*Almuerzo
a la carrera 14*

*La cantina del
deportista 52*

*Platos principales
vigorosos 22*

*Comida familiar
en un tris 58*

*Refrigerios siempre
a mano 38*

*Tiempo de
dulzuras 70*

ACOMETER LA
dieta de entrenamiento

Cualquiera sea el deporte o el programa de ejercicios que practique, los principios alimenticios básicos son similares. La adecuada cantidad y calidad de los alimentos contribuye para que las personas activas logren su mejor desempeño.

producirse una deshidratación y un sobrecalentamiento del cuerpo. La deshidratación moderada disminuye el rendimiento atlético, reduce la fuerza y la resistencia; la deshidratación severa puede provocar la muerte. En la mayoría de los casos, el agua fría es lo mejor para reemplazar la pérdida de líquido.

Alcohol: aunque el alcohol no beneficia el desempeño atlético, una ingesta moderada no es perjudicial siempre que no exceda los límites de seguridad.

Sal: La cantidad de sal que se pierde al transpirar durante un entrenamiento se puede reemplazar fácilmente mediante

LISTA DE ALIMENTOS

Equilibrio: una dieta bien equilibrada es esencial para tener buena salud y es la base de un excelente rendimiento.

Alimentación regular: las personas muy activas que realizan un entrenamiento riguroso necesitan comer con regularidad para recargar sus cuerpos y poder enfrentar las enérgicas sesiones que tienen por delante. Los bocadillos nutritivos también se requieren para obtener los niveles de energía diarios. Aquellas personas que saltean comidas a menudo no consumen las cantidades adecuadas de energía, carbohidratos, líquidos y otros nutrientes esenciales.

Energía: el contenido de energía de nuestra dieta está relacionado con la cantidad de "combustible" que utilizamos cada día. Cuanto más activa es una persona, más "combustible" necesita. Las necesidades energéticas se miden en kilojulios (calorías). Para lograr un excelente desempeño se requiere un equilibrio entre la energía que se ingiere y la que se utiliza. Un consumo de energía inadecuado provocará fatiga y pérdida de peso; un exceso de energía provocará un aumento de peso.

Carbohidratos: para trabajar correctamente el cuerpo requiere un "combustible" de adecuada calidad. Sin importar el tipo de deporte que se practique, los carbohidratos constituyen el mejor tipo de "combustible." Las dietas con una elevada cantidad de carbohidratos ayudan a mejorar la resistencia y previenen la fatiga. Los carbohidratos complejos (almidón), incluidos en el cereal para desayunos, el pan, las pastas, el arroz y las papas, deberían proporcionar la mayor cantidad de carbohidratos requeridos. Los carbohidratos simples (azúcar, miel, dulces y gaseosas), deberían proporcionar menos del 15% de la energía diaria requerida.

Líquidos: el cuerpo humano está compuesto en un 60% de agua. Durante los entrenamientos se pierde parte de esta agua en forma de sudor y debe consumirse líquido extra para reemplazarla, pues puede

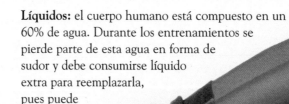

una dieta bien equilibrada, sin necesidad de agregar sal a las comidas. El entrenamiento también provoca adaptaciones, las cuales mejoran la habilidad del cuerpo para conservar la sal. El contenido de sal del sudor es menor en los atletas bien entrenados. Como las dietas que contienen elevados porcentajes de sal aumentan la producción de orina, se recomienda la ingesta de comidas sin agregados de sal para una óptima hidratación.

Proteínas: los deportistas que realizan un entrenamiento riguroso tienen mayores necesidades proteicas. Los expertos aún debaten sobre la cantidad exacta, sin embargo lo que se recomienda es 1,2 – 2 g diario de proteína por kilogramo de peso corporal. Si la dieta está bien equilibrada y es adecuada a las necesidades energéticas, la ingesta de proteínas no resulta problemática. Se recomienda no ingerir demasiadas proteínas, incluso si los atletas están procurando aumentar sus masas musculares.

Grasas: el exceso en el consumo de grasas está relacionado con las enfermedades cardíacas y muchas otras enfermedades actuales. Las dietas bajas en grasas (con menos del 30% de energía proveniente de las grasas) son recomendables para todos, sin importar su nivel de actividad.

La ingesta de grasa se puede reducir:

• eligiendo carnes magras y quitándoles toda la grasa visible;

• quitándole la piel a las aves antes de cocinarlas;

• eligiendo productos lácteos con un nivel de grasa reducido;

• evitando comidas fritas y bocadillos muy grasosos;

• minimizando el agregado de grasas a la comida (utilizando menos aderezos y aceites de cocina). Si su colesterol es elevado utilice grasas y aceites monoinsaturados o poliinsaturados en lugar de saturados;

• utilice una sartén antiadherente y antes de cocinar pincélela con muy poco aceite (no vierta el aceite en ella);

• evite las comidas fritas (cocine a la parrilla, sobre una rejilla, al vapor, en microondas, o envuelva la comida en papel de aluminio y hornéela).

Suplementos: el uso de suplementos de vitaminas y minerales para los atletas con un entrenamiento riguroso es un tema polémico, que requiere mayor investigación. En la actualidad se considera que los suplementos de vitaminas no brindan beneficios adicionales a los atletas que tienen una dieta bien equilibrada. Los suplementos de vitaminas no compensan una dieta con un contenido inadecuado de energía y/o carbohidratos. En ocasiones se prescriben suplementos de hierro para atletas con un entrenamiento riguroso y reservas de hierro inadecuadas, pero estos suplementos deben consumirse bajo supervisión médica, de manera que se puedan controlar los niveles de hierro.

Desayunos
MOÑO AZUL

MÜSLI VIGOROSO

530 kilojulios/125 calorías por porción – carbohidratos: elevado; grasas: medio; fibras: medio

Temperatura del horno
180ºC, 350ºF, Gas 4

La avena en hojuelas y el coco se pueden tostar en pocos minutos en microondas. Para hacerlo, colóquelos en recipientes de cerámica o vidrio aptos para microondas y cocine por separado en MÁXIMO (100%) hasta tostar. La avena en hojuelas tardará 5-6 minutos y se debe revolver cada 2 minutos. El coco tardará 2-3 minutos y se debe revolver cada minuto.

4 tazas/375 g/12 oz de avena en hojuelas finas
2 cucharadas de coco rallado
1 taza/45 g/1 ½ oz de avena en hojuelas gruesas
4 cucharadas de duraznos secos, picados
3 cucharadas de salvado de avena
3 cucharadas de germen de trigo
3 cucharadas de semillas de girasol
3 cucharadas de peras secas, picadas
3 cucharadas de pasas de uva corinto

1 Colocar la avena y el coco en un recipiente para horno y hornear 15-20 minutos o hasta que estén tostados. Revolver varias veces durante la cocción para que el tostado sea parejo. Enfriar.

2 Colocar la mezcla de avena y coco, la avena en hojuelas gruesas, los duraznos, el salvado de avena, el germen de trigo, las semillas de girasol, las peras y las pasas en un recipiente y mezclar.

Sugerencia para servir: agregar trocitos de plátano y leche baja en grasas helada o jugo.

20 porciones

GUARNICIÓN DE YOGUR Y PLÁTANO

120 kilojulios/30 calorías por porción – carbohidratos: elevado; grasas: bajo; fibras: bajo

1 plátano, cortado en rodajas
¾ taza/155 g/5 oz de yogur natural bajo en grasas
½ cucharada de canela molida

Colocar el plátano, el yogur y la canela en un recipiente y mezclar.

Sugerencia para servir: saborear como guarnición de panqueques o sobre cereales o frutas.

rinde 1 taza/250 g/8 oz

Omelette primavera (página 10), Salsa de fresas (página 10), Panqueques de alforfón aromáticos (página 10) con guarnición de yogur y plátano, Müsli vigoroso

PANQUEQUES DE ALFORFÓN AROMÁTICOS

565 kilojulios/135 calorías por porción – carbohidratos: elevado; grasas: bajo; fibras: bajo

¹/₄ taza/30 g/1 oz de harina de alforfón
¹/₄ taza/30 g/1 oz de harina leudante
1 cucharadita de pimienta molida
1 taza/250 ml/8 fl oz de leche descremada
1 cucharada de miel, tibia
1 clara, ligeramente batida
1 cucharadita de aceite
1 cucharadita de cáscara de limón rallada

1 Tamizar la harina de alforfón, la harina leudante y la pimienta en un recipiente. Combinar la leche, la miel, la clara y el aceite. Agregar a la mezcla de harina y unir hasta obtener una pasta suave. Añadir la cáscara de limón rallada.

2 Colocar cucharadas de la preparación en una sartén antiadherente caliente y cocinar hasta que ambos lados estén dorados.

4 porciones

Sirva los panqueques con guarnición de yogur y plátano (página 8) o salsa de fresas (en esta página). También son deliciosos solos.

SALSA DE FRESAS

55 kilojulios/15 calorías por porción – carbohidratos: elevado; grasas: bajo; fibras: bajo

250 g/8 oz de fresas, frescas o congeladas
2 cucharadas de jugo de manzanas

Colocar las fresas en una procesadora o licuadora y procesar hasta homogeneizar. Pasar por un tamiz para retirar las semillas, luego agregar el jugo de manzanas y revolver para unir.

rinde 1 taza/250 g/8 fl oz

Es deliciosa si se sirve sobre panqueques, cereales o frutas.

OMELETTE PRIMAVERA

570 kilojulios/135 calorías por porción – carbohidratos: bajo; grasas: elevado; fibras: bajo

4 huevos, ligeramente batidos
¹/₄ taza/60 ml/2 fl oz de leche descremada
pimienta negra recién molida
1 cucharadita de margarina poliinsaturada
3 cucharadas de queso cheddar reducido en grasas, rallado

RELLENO DE VERDURAS

1 cucharada de margarina poliinsaturada
6 champiñones, en láminas
¹/₂ pimiento rojo pequeño, rebanado
2 cebollas, finamente picadas
1 cucharadita de cilantro picado

1 Para preparar el relleno derretir la margarina en una sartén antiadherente sobre fuego mediano y colocar los champiñones, el pimiento rojo, las cebollas y el cilantro; cocinar, revolviendo, 2 minutos o hasta que las verduras estén tiernas. Retirar de la sartén y mantener al calor.

2 Colocar en un bol los huevos, la leche y pimienta negra a gusto y batir para mezclar. Derretir la margarina en una sartén antiadherente limpia sobre fuego mediano. Verter la mezcla de huevo en la sartén y cocinar hasta que casi coagule. Colocar el relleno sobre una mitad de la omelette, luego espolvorear con el queso. Cerrar la omelette plegando una mitad sobre la otra, cortar en dos, colocar sobre platos y servir de inmediato.

Comience su desayuno con frutas frescas y luego sirva la omelette con tostadas crocantes.

2 porciones

PANECILLOS CON DURAZNOS Y CREMA

950 kilojulios/225 calorías por porción – carbohidratos: elevado; grasas: bajo; fibras: medio

¹/₃ **taza/90 g/3 oz de queso cottage
bajo en grasas
la pulpa de 1 fruta de la pasión
2 panecillos, en mitades y tostados
2 duraznos, deshuesados y en tajadas**

Mezclar el queso cottage y la pulpa de la fruta de la pasión. Untar la mezcla sobre los panecillos, decorar con tajadas de duraznos y servir.

2 porciones

*Panecillos con ricota frutada
(página 12),
Panecillos con duraznos y crema,
Panecillos tentación*

PANECILLOS TENTACIÓN

1055 kilojulios/250 calorías por porción – carbohidratos: medio; grasas: bajo; fibras: medio

**1 jitomate, en tajadas
2 panecillos, en mitades y tostados
2 tajadas de pechuga de pavo cocida
3 cucharadas de queso cheddar bajo
en grasas, rallado
pimienta negra recién molida**

Colocar las rodajas de jitomate sobre los panecillos. Coronar con las tajadas de pavo, el queso y la pimienta negra. Llevar al grill precalentado y calentar bien.

2 porciones

Utilice panecillos integrales o multicereal para incrementar la ingesta de fibras.

11

BOCADILLOS DE VERDURAS

500 kilojulios/120 calorías por porción – carbohidratos: bajo; grasas: elevado; fibras: medio

2 papas, ralladas

1 zanahoria, rallada

1 calabacita, rallada

1 cucharada de semillas de amapola

2 huevos, ligeramente batidos

pimienta negra recién molida

1 cucharada de aceite poliinsaturado

1   Colocar las papas, la zanahoria, la calabacita, las semillas de amapola y los huevos en un recipiente, mezclar y condimentar a gusto con pimienta.

2   Pincelar o rociar con el aceite una sartén antiadherente y calentarla sobre fuego mediano. Verter cucharadas de la mezcla, aplanar ligeramente y cocinar 4-5 minutos de cada lado, hasta que los bocadillos estén dorados.

Sugerencia para servir: para un desayuno completo, comenzar con un vaso de leche descremada y frutas frescas y servir estos bocadillos con pan o tostadas.

4 porciones

Como alternativa para la leche descremada, sirva con alguna de las opciones de Sumergirse en un trago (página 48).

PANECILLOS CON RICOTA FRUTADA

1240 kilojulios/295 calorías por porción – carbohidratos: medio; grasas: medio; fibras: medio

¹/₃ taza/90 g/3 oz de ricota reducida en grasas

1 cucharada de pasas de uva corinto

1 cucharadita de cáscara de naranja rallada

2 panecillos, en mitades y tostados

2 cucharadas de nueces pacanas picadas

Mezclar la ricota, las pasas de uva y la cáscara de naranja rallada. Distribuir la mezcla sobre los panecillos, esparcir las nueces pacanas y servir.

2 porciones

SUME CARBOHIDRATOS
Añada a los cereales listos para servir alguna de las opciones que siguen para incorporar más energía, fibras o carbohidratos:
• frutas desecadas, como higos, pasas de uva, chabacanos o dátiles
• plátanos en puré o en rodajas
• frutas en lata o cocidas como manzanas, peras, duraznos o piña
• rociar con miel o espolvorear con azúcar
• frutas secas picadas
• espolvorear con semillas de ajonjolí, girasol o amapola
• una cucharada de germen de trigo, lecitina o salvado
• yogur bajo en grasas para sumar calcio
• leche fortificada para agregar calcio, proteínas y energía

PORRIDGE FRUTADO VIGOROSO

2050 kilojulios/490 calorías por porción – carbohidratos: elevado; grasas: bajo; fibras: bajo

1 manzana pequeña, sin el centro y picada

3 cucharadas de chabacanos secos picados

¹/₂ taza/125 ml/4 fl oz de agua

2 tazas/500 ml/16 fl oz de leche descremada

1 ¹/₂ taza/140 g/4 ¹/₂ oz de avena en hojuelas instantánea

2 cucharadas de pasas de uva sultanas

1 cucharadita de especias surtidas molidas

1   Colocar la manzana, los chabacanos y el agua en una cacerola y llevar a hervor. Reducir el fuego y cocinar a fuego lento 5 minutos o hasta que las frutas estén tiernas.

2   Colocar la leche en otro recipiente y calentar bien 2-3 minutos. Agregar la avena en hojuelas, mientras se revuelve, y llevar a punto de ebullición. Cocinar, revolviendo constantemente, 1 minuto. Agregar las pasas de uva, las especias y la mezcla de frutas.

Sugerencia para servir: agregar más leche descremada y espolvorear con nuez moscada rallada.

2 porciones

PANECILLOS HAWAIANOS SABROSOS

1415 kilojulios/335 calorías por porción – carbohidratos: elevado; grasas: bajo; fibras: medio

4 panes árabes integrales

RELLENO HAWAIANO

**220 g/7 oz de trozos de piña en lata,
escurridos y picados
¹/₂ taza/125 g/4 oz de queso cottage
bajo en grasas
4 lonjas de jamón reducido en grasas
y en sal, finamente picadas
3 cucharadas de queso cheddar reducido
en grasas, rallado
1 cucharada de cebollín fresco,
cortado con tijera
pimienta negra recién molida
1 cucharadita de aceite poliinsaturado**

1 Para preparar el relleno mezclar en un recipiente la piña, el queso cottage, el jamón, el queso cheddar, el cebollín y pimienta negra a gusto.

2 Realizar una pequeña incisión en cada pan y colocar dentro el relleno. Pincelar con el aceite una sartén antiadherente y calentar sobre fuego mediano. Cocinar los panes 3 minutos de cada lado o hasta que estén crujientes.

Sugerencia para servir: acompañar con un trago de frutas (ver página 48).

4 porciones.

Temperatura del horno
180ºC, 350ºF, Gas 4

Las frutas y jugos en lata sin azúcar disminuirán los kilojulios (calorías) sin afectar la receta; por lo tanto, serán una buena alternativa para aquellos que cuidan su peso.

Bocadillos de verdura, Porridge frutado vigoroso, Panecillos hawaianos sabrosos

ALMUERZO
a la carrera

ENSALADA DE GRANOS DORADA

2590 kilojulios/620 calorías por porción – carbohidratos: elevado; grasas: bajo; fibras: elevado

1 taza/220 g/7 oz de arroz, cocido
1 taza/220 g/7 oz de cebada
perlada, cocida
$^1/_3$ taza/60 g/2 oz de cuscús, cocido
440 g/14 oz de granos de maíz dulce
en lata, escurridos
1 pimiento verde, en tiras
1 zanahoria, pelada y en tiras
1 calabacita, cortada en tiras
2 tallos de apio, cortados en tiras

ADEREZO DE NARANJA

2 cucharaditas de mostaza en grano
1 cucharadita de jengibre fresco rallado
$^1/_2$ taza/125 ml/4 fl oz de jugo de naranja
pimienta negra recién molida

1 Disponer el arroz, la cebada, el cuscús, los granos de maíz dulce, el pimiento verde, la zanahoria, la calabacita y el apio en un recipiente.

2 Para preparar el aderezo, colocar en un frasco con tapa la mostaza, el jengibre, el jugo de naranja y pimienta negra a gusto y sacudir para mezclar. Verter sobre la ensalada y remover.

4 porciones

Tenga en el refrigerador una selección de arroz, pastas y legumbres cocidas para poder preparar en minutos una ensalada rápida rica en carbohidratos. Cocine siempre una ración extra de estos alimentos para tener a mano.

ARROLLADOS DE PASTA CON POLLO

1200 kilojulios/285 calorías por porción – carbohidratos: bajo; grasas: medio; fibras: medio

12 planchas de lasaña de espinaca
o harina integral
2 cucharadas de queso
parmesano rallado

RELLENO DE PORO Y POLLO

2 cucharaditas de aceite poliinsaturado
3 pechugas de pollo, cortadas en tiras
3 poros, finamente picados
2 cucharadas de albahaca picada
1 cucharadita de mostaza francesa
$^1/_2$ taza/125 ml/4 fl oz de caldo de pollo
3 cucharaditas de almidón de maíz
disueltas en 2 cucharadas de agua

1 Cocinar las planchas de lasaña en una cacerola con agua hirviente hasta que estén tiernas. Escurrir y reservar al calor.

2 Para preparar el relleno, calentar el aceite en una sartén sobre fuego mediano, agregar el pollo y los poros y cocinar 4-5 minutos o hasta que estén dorados. Agregar, mientras se revuelve, la albahaca, la mostaza, el caldo y la mezcla de almidón de maíz.

3 Colocar cucharadas del relleno sobre las planchas de lasaña y enrollar. Espolvorear con el queso parmesano y servir de inmediato.

Sugerencia para servir: para obtener carbohidratos y fibra extra, servir con ensalada verde y pan integral.

4 porciones

El almuerzo debe incluir una variedad de alimentos y aportar un tercio de los requerimientos diarios de nutrientes.

Sándwich con varias capas (página 16), Ensalada de granos dorada, Arrollados de pasta con pollo

SÁNDWICH CON VARIAS CAPAS

2965 kilojulios/710 calorías por porción – carbohidratos: elevado; grasas: bajo; fibras: elevado

1 hogaza redonda pequeña
de pan de centeno
2 cucharadas de mayonesa
reducida en grasas
1 cucharada de mostaza en grano
4 hojas de lechuga romana
4 hojas de lechuga
mignonette (reseda)
15 g/^{1}/$_2$ oz de brotes de alfalfa
125 g/4 oz de salmón rosado
en lata, escurrido
2 cebollas de rabo, finamente picadas
30 g/1 oz de brotes
de comelotodo o berro
2 jitomates, cortados en rodajas
^{1}/$_2$ pepino, cortado en rodajas
1 cucharada de albahaca, picada
pimienta negra recién molida

1 Cortar el pan en sentido horizontal
en cuatro rodajas parejas. Mezclar la
mayonesa y la mostaza y untar las rodajas.

2 Colocar las hojas de ambas clases de
lechuga y los brotes sobre la rodaja inferior.
Cubrir con otra rodaja de pan. Distribuir
el salmón, las cebollas de rabo y los brotes
de comelotodo o berro. Intercalar otra
rodaja de pan, cubrir con las rodajas
de jitomate y pepino y espolvorear
con la albahaca y pimienta negra a gusto.
Cubrir con la rodaja de pan restante.

Sugerencia para servir: cortar en forma
triangular y acompañar con frutas frescas.

2 porciones

Este sándwich con varias capas también se puede hacer con panes individuales grandes en lugar de la hogaza. Corte cada uno en sentido horizontal en cuatro rodajas y prepare como se indica en la receta; recuerde que debe repartir los ingredientes en forma pareja entre ambos panes.

SÁNDWICHES SALUDABLES

1895 kilojulios/450 calorías por porción – carbohidratos: medio; grasas: medio; fibras: elevado

1 cucharada de margarina "lite"
4 rebanadas de pan de centeno
4 rebanadas de pan integral
1 escarola rizada
4 lonjas de jamón reducido
en grasas y en sal
2 jitomates, cortados en tajadas
4 rebanadas de pan pumpernickel
4 tajadas de queso cheddar
reducido en grasas
^{1}/$_2$ atado de berro

1 Extender la margarina sobre un lado de
cada rodaja de pan de centeno e integral.
Colocar escarola, jamón y jitomate sobre el
pan de centeno y cubrir con pumpernickel.

2 Colocar el queso y el berro sobre
el pumpernickel y cubrir con pan integral.
Cortar cada sándwich por la mitad
y servir de inmediato.

4 porciones

Si se prepara el almuerzo para la escuela o el trabajo la noche anterior evitará apuros mañaneros.

SUPER SÁNDWICHES

Los sándwiches siguen siendo el almuerzo más popular y ventajoso para la gente apurada. Para evitar el aburrimiento se pueden cambiar los tipos de pan y los rellenos. Pruebe con algunas de las siguientes ideas y recuerde que debe usar un mínimo de margarina o mantequilla y que omitirla es aun mejor.

SUGERENCIAS

Trisándwich: incluya una tercera rodaja de pan en el centro del sándwich (incorpora carbohidratos extra).

Sándwich tostado: cuando sienta necesidad de algo caliente, tueste su sándwich en el grill o en una sandwichera. Precaliente el grill o la sandwichera mientras arma el sándwich.

Sándwich bolsillo: rellene un pan árabe.

Sándwich arrollado: coloque un relleno dentro de un pan de pita y enrolle. Un disco grande equivale a cuatro rodajas de pan.

Sándwiches continentales: pruebe con diferentes panes y bollos; búsquelos en supermercados y panaderías locales.

Sándwiches crocantes: coloque los rellenos que prefiera sobre pan tostado crujiente o galletas de arroz.

IDEAS PARA RELLENAR

• Enriquezca la carne asada con encurtidos, mostaza o chutney y lechuga, jitomate o ensalada.

• Pollo cocido sin piel o pavo con salsa de arándano o mayonesa reducida en grasas y lechuga, apio, aguacate, brotes o frutas secas.

• Queso reducido en grasas con apio, lechuga, zanahoria rallada y pasas de uva, rodajas de piña fresca o en lata o pepinillo.

• Queso cottage o ricota reducidos en grasas con frutas desecadas, nueces picadas, piñones, lechuga, ensalada, jitomate, zanahoria rallada y pasas sultanas, dátiles picados, mostaza en grano, hummus o tahini.

• Atún, salmón o sardinas en lata con lechuga, apio, cebollas de rabo, brotes, jitomate, pepinillo, zanahoria o pepino rallados y mayonesa reducida en grasas.

• Mantequilla de cacahuate sin sal agregada, con plátano, miel, zanahoria y alfalfa o queso cottage bajo en grasas y pasas de uva.

• Maíz dulce con jamón reducido en grasas y en sal y lechuga, o queso reducido en grasas rallado, o cebollín y rábano.

• Frijoles o una combinación de legumbres con lechuga y queso reducido en grasas rallado o cebollas y champiñones en láminas.

REMATES

El pan, los panecillos o los bollos con sus alimentos preferidos son fáciles y rápidos, e incorporan carbohidratos y energía extra. Pruebe las siguientes ideas como remates:

• espaguetis, frijoles, granos de maíz dulce (utilice las variedades sin sal agregada)

• queso cottage bajo en grasas con pasas de uva y nueces

• puré de plátanos y canela

• queso cottage bajo en grasas con chutney de frutas

• mantequilla de cacahuate y miel

• piña fresca o en lata y queso

• puré de calabaza y pimienta negra machacada

Sándwiches saludables

17

ROLLOS DE VEGETALES Y ENSALADA

855 kilojulios/205 calorías por porción – carbohidratos: medio; grasas: bajo; fibras: elevado

4 panes árabes (libaneses o pita)
4 cucharadas de mayonesa
reducida en grasas
8 hojas de lechuga, en fina juliana
2 jitomates, cortados en tajadas
1 remolacha, pelada y rallada

BURGERS DE SOJA

440 g/14 oz de frijoles de soja
en lata, escurridos, secados
y groseramente triturados
1 taza/60 g/2 oz de pan
integral seco, molido
1 zanahoria, rallada
1 calabacita, rallada
$\frac{1}{2}$ cucharadita de comino molido
2 cucharadas de extracto
de jitomate sin sal agregada
1 clara

1   Para preparar los burgers colocar en un recipiente los frijoles de soja, el pan molido, la zanahoria, la calabacita, el comino, el extracto de jitomate y la clara y mezclar todo. Formar 12 burgers pequeños y cocinarlos en una sartén antiadherente sobre fuego mediano 3 minutos de cada lado o hasta que estén dorados. Mantenerlos calientes.

2   Untar los panes con la mayonesa. Distribuir las hojas de lechuga, las tajadas de jitomate, la remolacha y los burgers en forma pareja sobre los panes. Enrollar para formar cilindros y servir de inmediato.

4 porciones

Para mantener frescos los almuerzos de verano dentro del contenedor que use para transportarlos, guarde la fruta fría o las bebidas heladas cerca de las ensaladas y los sándwiches.

ENSALADA DE TORTELLINI

1860 kilojulios/445 calorías por porción – carbohidratos: elevado; grasas: bajo; fibras: elevado

750 g/1 $\frac{1}{2}$ lb de tortellini de ternera
250 g/8 oz de espárragos, cortados
en trozos de 5 cm
185 g/6 oz de comelotodos
1 lechuga mantecosa
1 pimiento rojo, cortado en tajadas
250 g/8 oz de jitomates cherry amarillos
$\frac{1}{2}$ taza/125 ml/4 fl oz de aderezo
italiano sin aceite

1   Cocinar los tortellini en agua hirviente, en una cacerola grande, siguiendo las instrucciones del envase. Escurrir, enjuagar con agua fría y enfriar.

2   Cocinar por hervido, al vapor o en microondas los espárragos y los comelotodos, por separado, hasta que estén tiernos. Pasar por agua fría y reservar.

3   Colocar la lechuga, el pimiento rojo, los jitomates, los tortellini, los espárragos y los comelotodos en una ensaladera o fuente. Rociar con el aderezo y servir de inmediato.

4 porciones

Cocine la pasta y las verduras para esta receta con anticipación y guárdelas en el refrigerador hasta 2 días. Para preparar la ensalada sólo tardará unos minutos.

Ensalada de tortellini, Ensalada de papa y camote, Burgers de pollo y hierbas (recetas en la página 20), Rollos de vegetales y ensalada

BURGERS DE POLLO Y HIERBAS

2140 kilojulios/510 calorías por porción – carbohidratos: bajo; grasas: medio; fibras: elevado

4 pechugas de pollo deshuesadas, de
aproximadamente 125 g/4 oz cada una
4 bollos integrales, en mitades y tostados
12 jitomates cherry, cortados en tajadas
1 escarola rizada

MAYONESA DE HIERBAS

2 cucharaditas de cebollín fresco,
cortado con tijera
2 cucharaditas de perejil picado
4 cucharadas de mayonesa
reducida en grasas

1   Para preparar la mayonesa de hierbas,
colocar el cebollín, el perejil y la mayonesa
en un recipiente y mezclar bien.

2   Calentar una sartén antiadherente
sobre fuego mediano, agregar el pollo
y cocinar 4-5 minutos de cada lado o hasta
que esté dorado y tierno. Colocar una
pechuga sobre la parte inferior de cada
bollo. Coronar con rodajas de jitomate
y hojas de escarola. Completar con la
mayonesa y cubrir con la parte superior
de los bollos.

Sugerencia para servir: para una comida
completa, servir con ensalada coleslaw
y frutas frescas.

4 porciones

En invierno use envases térmicos para llevar a la oficina o la escuela sopas, guisos u otros platillos calientes.

ENSALADA DE PAPA Y CAMOTE

1730 kilojulios/410 calorías por porción – carbohidratos: medio; grasas: bajo; fibras: elevado

12 papas nuevas baby
500 g/1 lb de camotes anaranjados,
pelados y en cubos
500 g/1 lb de camotes blancos,
pelados y en cubos
1 cebolla pequeña, picada
250 g/8 oz de jamón reducido en grasas
y en sal, picado

ADEREZO DE MOSTAZA
CON HIERBAS

2 cucharadas de cebollín fresco,
cortado con tijera
2 cucharaditas de mostaza en grano
5 cucharadas de mayonesa
reducida en grasas
3 cucharadas de yogur natural
bajo en grasas

1   Cocinar por hervido, al vapor
o en microondas las papas y los camotes,
por separado, hasta que estén tiernos.
Escurrir y reservar al calor.

2   Colocar la cebolla y el jamón en una
sartén antiadherente sobre fuego mediano
y cocinar 3 minutos o hasta que la cebolla
esté tierna.

3   Ubicar las papas en un recipiente,
agregar la mezcla de cebolla y combinar.

4   Para preparar el aderezo, colocar
en un tazón el cebollín, la mostaza,
la mayonesa y el yogur y unir. Echar sobre
la ensalada y revolver. Servir tibia.

Sugerencia para servir: una ensalada
de cebollas y naranjas, aliñada con aderezo
francés rápido (página 31), es un buen
complemento para este platillo.

4 porciones

Es aconsejable que quienes tengan requerimientos de energía elevados sumen alguna de las opciones siguientes a los almuerzos para llevar: mezcla de frutas desecadas y secas; bastones de verduras; bizcochos saludables; muffins; yogur bajo en grasas natural o con sabor a frutas; jugos de frutas; bastones de queso.

Contacto con los carbohidratos

Los carbohidratos se encuentran en el cuerpo en forma de glucosa en la sangre (azúcar en sangre) y como glucógeno en el hígado y los músculos. El glucógeno, formado por unidades de glucosa, es una fuente de energía muy importante para las personas activas. Cuando las reservas de glucógeno se agotan, sobreviene la fatiga y se reduce el rendimiento. La cantidad de glucógeno requerida depende de la duración, el tipo y la intensidad del ejercicio.

Para mantener una reserva de glucógeno adecuada para el entrenamiento, las personas activas deberían consumir un 55-60% de sus requerimientos de energía en forma de carbohidratos. Los atletas necesitan consumir un 70%.

Los carbohidratos complejos (almidones) deberían representar la mayor parte de los carbohidratos consumidos. Estos mantienen los niveles de azúcar en sangre con mayor efectividad que los carbohidratos simples (azúcares). Los alimentos con carbohidratos complejos también son mejores fuentes de vitaminas, minerales y fibras.
Fuentes: pan, cereales para desayuno, arroz, pastas, papa, frijoles.

Los carbohidratos simples (azúcares) deberían aportar menos del 15% del total de la ingesta de carbohidratos.
Fuentes: azúcar, miel, mermelada, dulces y gaseosas.

Recarga de carbohidratos (glucógeno)
Una carga extra de glucógeno es importante para los atletas que participen en competencias de resistencia que impliquen más de 90 minutos de exigencia rigurosa e ininterrumpida, pues ayuda a retrasar la fatiga y a mejorar la resistencia. La recarga de glucógeno también ayuda a prevenir la hipoglucemia (bajo nivel de azúcar en sangre).
En los deportes en los que la velocidad, agilidad y flexibilidad son más importantes que la fuerza y la resistencia, el glucógeno adicional y el agua que se acumula con él (3 gramos por cada gramo de glucógeno)

son perjudiciales. Para estos deportes lo apropiado es una reserva adecuada más que una recarga.

Recarga
- Comience la recarga de carbohidratos 3-4 días antes de la competencia.
- Aumente la ingesta de carbohidratos al 75-80% de energía (8-10 gramos de carbohidratos por kilogramo de peso)
- Disminuya el entrenamiento para reducir el consumo del glucógeno muscular.

HIPOGLUCEMIA
El ejercicio de resistencia puede reducir el azúcar en sangre y las reservas de glucógeno a niveles peligrosamente bajos. Un bajo nivel de azúcar en sangre (hipoglucemia) puede provocar síntomas como vértigo, mareos, temblores y confusión. En los casos severos también existe el riesgo de colapso.

- Deportes como maratones y triatlones requieren un elevado nivel de resistencia.
- Otros deportes como el lanzamiento, salto en alto y la carrera corta y rápida, están basados en períodos cortos de ejercicios que no requieren resistencia.
- La amplia mayoría de los deportes se encuentra entre estos dos extremos.
- Cuanto más extensa sea la duración del esfuerzo vigoroso y sin interrupción mayor será la resistencia requerida.

CÁLCULO DE CARBOHIDRATOS

ALIMENTO	PORCIÓN	CARBOHIDRATOS (g)
PAN		
Pan integral	1 rodaja	11
Pan de pasas	1 rodaja	17
Pan pita o libanés	1 pan	57
Tostadas integrales	2 unidades	8.0
CEREALES		
Hojuelas de maíz	1 taza/30 g/1 oz	25
Müsli (sin tostar)	1/2 taza/60 g/2 oz	33
Avena en hojuelas (cocida)	1 taza/250 g/8 oz	22
FRUTA		
Naranja	1 mediana	12
Jugo de naranja	1 taza/250 ml/8 fl oz	20
Pera	1 mediana	19
Melón	1 taza/155 g/5 oz, en cubos	8
Pasas de uva	1 cucharada	9
PASTAS Y ARROZ (cocidos)		
Pasta al huevo	200 g/6 1/2 oz	51
Pasta de espinaca	200 g/6 1/2 oz	55
Pasta integral	200 g/6 1/2 oz	49
Arroz integral	1 taza/85 g/6 oz	57
Arroz blanco	1 taza/85 g/6 oz	53
HORTALIZAS Y LEGUMBRES		
Lentejas cocidas	1 taza/155 g/5 oz	26
Papas	1 mediana	16

PLATOS PRINCIPALES
vigorosos

PIZZA VEGETARIANA

1300 kilojulios/310 calorías por porción – carbohidratos: elevado; grasas: medio; fibras: elevado

BASE

15 g/$^1/_2$ oz de levadura fresca
$^1/_2$ cucharadita de azúcar
$^1/_2$ taza/125 ml/4 fl oz de agua tibia
1 $^1/_2$ taza/235 g/7 $^1/_2$ oz de harina
integral, tamizada y con las cascarillas
incorporadas de nuevo
1 cucharadita de aceite de oliva

CUBIERTA DE BERENJENAS Y HIERBAS

1 berenjena pequeña, en rodajas finas
2 cucharaditas de aceite de oliva
$^1/_3$ taza/90 ml/3 fl oz de salsa
de jitomate sin sal agregada
1 cucharadita de orégano fresco, picado
1 cucharadita de albahaca fresca, picada
1 cebolla, en rodajas finas
1 pimiento rojo, en aros finos
6 champiñones, en láminas
200 g/6 $^1/_2$ oz de piña en lata, escurrida
4 aceitunas negras, sin hueso, en tajadas
60 g/2 oz de queso mozzarella reducido
en grasas, rallado

1 Para preparar la base, combinar
la levadura con el azúcar dentro
de un recipiente. Agregar el agua, tapar
y dejar espumar en un lugar tibio.
Disponer la harina en otro recipiente,
incorporar la mezcla de levadura
y el aceite y mezclar para obtener
un bollo.

2 Colocar el bollo sobre una superficie
apenas enharinada y amasarlo 5 minutos
o hasta que esté suave y elástico. Pasarlo
a un recipiente apenas aceitado, cubrir
y ubicar en un lugar tibio 30 minutos
o hasta que el volumen se haya duplicado.
Retirar el bollo del recipiente, amasarlo
sobre una superficie ligeramente
enharinada y luego estirarlo hasta formar
un disco de 25 cm/10 in. Colocarlo en una
sartén antiadherente de igual diámetro.

3 Para preparar la cubierta, pasar
las rodajas de berenjena por el aceite
y cocinarlas en el grill precalentado
3-4 minutos de cada lado o hasta que
estén doradas. Colocar la salsa de jitomate
sobre la base de la pizza, espolvorear con
el orégano y la albahaca. Completar
con las berenjenas, la cebolla, el pimiento
rojo, los champiñones, la piña y las
aceitunas. Espolvorear con el queso.

4 Cubrir la sartén y cocinar sobre fuego
bajo 35 minutos o hasta que la pizza esté
cocida. Colocarla en el grill precalentado
y cocinar 3 minutos más o hasta que la
superficie esté dorada.

Sugerencia para servir: cortar la pizza
en triángulos y servir con ensalada
coleslaw o ensalada verde y bollos.

4 porciones

Esta es una pizza
vegetariana, pero la
cubierta se puede variar
de acuerdo con los
ingredientes disponibles y
las preferencias personales.
Si desea agregar un poco
de carne o pescado,
puede utilizar jamón
picado o atún en lata al
natural en lugar de la
berenjena.

Sopa minestrone (página 24), Pizza vegetariana,
Burgers de pescado con salsa de chile (página 24)

BURGERS DE PESCADO
CON SALSA DE CHILE

860 kilojulios/205 calorías por porción – carbohidratos: bajo; grasas: bajo; fibras: medio

500 g/1 lb de filetes de pescado
blanco sin espinas
1 taza/60 g/2 oz de pan
integral seco, molido
2 cebollas de rabo, finamente picadas
1 diente de ajo, machacado
1 clara
2 cucharadas de yogur natural
bajo en grasas
1 cucharada de jugo de limón

SALSA DE CHILE

1 cucharadita de aceite de oliva
3 cebollas de rabo, picadas
$^1\!/_2$ pimiento rojo, finamente picado
1 chile rojo, sin semillas
y finamente picado
440 g/4 oz de jitomates en lata,
escurridos y picados
1 taza/250 ml/8 fl oz de puré
de jitomate sin sal agregada

1   Colocar el pescado en una procesadora
y procesarlo. Agregar el pan molido,
las cebollas, el ajo, la clara, el yogur
y el jugo de limón y procesar de nuevo.

2   Modelar la mezcla del pescado con
las manos húmedas y formar 8 burgers.
Calentar una sartén antiadherente sobre
fuego mediano y cocinarlos 2-3 minutos
de cada lado. Conservar calientes.

3   Para preparar la salsa, calentar
el aceite en una cacerola sobre fuego
mediano, colocar las cebollas,
el pimiento rojo y el chile y cocinar
3-4 minutos. Agregar los jitomates
y el puré de jitomates, llevar a punto
de ebullición, bajar el fuego y cocinar
a fuego lento, sin tapar, 5 minutos o hasta
que la salsa espese.

Sugerencia para servir: cubrir los
burgers con la salsa de chile y acompañar
con arroz integral y ensalada verde.
Como variante apetitosa, partir un
bollo integral y tostar las mitades.
Rellenarlo con hojas de lechuga, un
burger de pescado y una cucharada
de salsa de chile.

4 porciones

Los burgers crudos
se pueden guardar
en el refrigerador un día
y en el frigorífico hasta
un mes.

SOPA MINESTRONE

855 kilojulios/205 calorías por porción – carbohidratos: medio; grasas: bajo; fibras: elevado

1 cebolla, picada
3 dientes de ajo, machacados
2 latas de 440 g/14 oz de jitomates en
lata sin sal agregada, sin escurrir y picados
2 calabacitas en cubos
2 zanahorias, peladas y cortadas en cubos
1 papa grande, cortada en cubos
1 cucharadita de orégano seco
2 cucharaditas de albahaca seca
pimienta negra recién molida
4 tazas/l litro/1$^3\!/_4$ pt de caldo de verduras
315 g/10 oz de frijoles rojos en lata,
enjuagados y escurridos
155 g/5 oz de macaroni,
cocidos y escurridos
1 cucharada de perejil fresco picado
2 cucharadas de queso parmesano rallado

1   Colocar la cebolla, el ajo y 2 cucharadas
de jugo de los jitomates en una cacerola
sobre fuego mediano y cocinar 2-3 minutos
o hasta que la cebolla esté tierna. Agregar
las calabacitas, las zanahorias, la papa,
el orégano, la albahaca y pimienta negra
para condimentar y cocinar, revolviendo,
5 minutos.

2   Agregar los jitomates y el caldo,
mientras se revuelve, y llevar a punto de
ebullición. Bajar el fuego y cocinar a fuego
lento, sin cubrir, 20 minutos.

3   Agregar los frijoles, los macaroni y
el perejil y cocinar a fuego bajo 5 minutos.
Espolvorear con el queso parmesano.

4 porciones

Sirva la sopa en recipientes
calientes con pan integral
y ensalada verde.

CHILE CON CARNE

2545 kilojulios/605 calorías por porción – carbohidratos: bajo; grasas: medio; fibras: elevado

2 cebollas, picadas

¹/₂ pimiento rojo, finamente picado

4 dientes de ajo, machacados

440 g/14 oz de jitomates en lata sin
sal agregada, escurridos, picados
y 1 cucharada del jugo

500 g/1 lb de carne de res magra, molida

315 g/10 oz de frijoles rojos en lata,
enjuagados y escurridos

1 cucharadita de comino molido

1 cucharadita de coriandro molido

¹/₂ cucharadita de chile en polvo

¹/₂ taza/125 ml/4 fl oz de caldo
de carne de res

2 cucharadas de extracto de jitomate sin
sal agregada

PAN DE MAÍZ

1 taza/250 ml/6 oz de polenta

³/₄ taza/90 g/3 oz de harina
leudante, tamizada

¹/₂ cucharadita de azúcar

1 taza/250 ml/8 fl oz de leche descremada

1 huevo

1 cucharada de margarina
poliinsaturada, derretida

1   Colocar las cebollas, el pimiento rojo,
el ajo y el jugo de los jitomates en una
sartén antiadherente sobre fuego mediano
y cocinar 4-5 minutos. Agregar la carne,
mientras se revuelve, y cocinar otros
10 minutos. Incorporar los jitomates,
los frijoles rojos, el comino, el coriandro,
el chile en polvo, el caldo y el extracto
de jitomates y llevar a punto de ebullición.
Bajar el fuego y cocinar a fuego lento
25 minutos o hasta que la mezcla se
reduzca y espese.

2   Para preparar el pan de maíz, mezclar
en un recipiente la polenta, la harina
y el azúcar. Batir la leche, el huevo y
la margarina y luego agregar a la mezcla
de la polenta.

3   Extender la mezcla en una tortera
redonda engrasada de 20 cm/8 in y
hornear 15-20 minutos o hasta que el pan
esté dorado. Servir caliente con el chile
con carne.

4 porciones

Temperatura del horno
180ºC, 350ºF, Gas 4

La polenta es una harina
de maíz muy utilizada
en Italia para platillos tanto
salados como dulces.
Se puede conseguir
en la mayoría de los
supermercados y tiendas
de comestibles italianos
o saludables. La textura
graneada de la polenta
cocida puede sorprenderlo
al principio, pero así
debe quedar.

Chile con carne

*Sopa dorada de calabaza,
Cerdo con salsa
de vino tinto (página 28),
Quiche fácil y rápida*

Sopa dorada de calabaza

515 kilojulios/125 calorías por porción – carbohidratos: elevado; grasas: bajo; fibras: medio

1 cebolla, picada

1 diente de ajo, machacado

4 tazas/1 litro/1 ³/₄ pt de caldo de pollo
o verduras

750 g/1 ¹/₂ lb de calabaza butternut,
pelada y en tajadas

2 papas, peladas y cortadas
en tajadas

¹/₂ cucharadita de mejorana seca

¹/₂ cucharadita de nuez moscada rallada

pimienta negra recién molida

3 cucharadas de buttermilk

1 Colocar la cebolla, el ajo y 2 cucharadas de caldo en una cacerola sobre fuego mediano y cocinar 2-3 minutos o hasta que la cebolla esté tierna. Agregar el caldo restante, la calabaza, las papas, la mejorana, la nuez moscada y pimienta negra para condimentar y cocinar, revolviendo de tanto en tanto, 25 minutos o hasta que la calabaza y las papas estén tiernas. Incorporar la buttermilk. Enfriar un poco.

2 Con la preparación hacer una sopa espesa en una procesadora o licuadora.

3 Colocar la sopa en una cacerola limpia y calentar bien, sin que hierva, pues se puede cortar.

Sugerencia para servir: verter la sopa en jarros grandes o en cuencos calientes, espolvorear con cebollín fresco picado y servir con bollos integrales.

4 porciones

Esta sopa puede guardarse en el refrigerador hasta tres días y calentarse sobre fuego directo, en una olla o en microondas, en los recipientes en los que se va a servir. Según su tamaño, una porción tardará 2-3 minutos, en HIGH (100%).

Quiche fácil y rápida

1385 kilojulios/330 calorías por porción – carbohidratos: bajo; grasas: elevado; fibras: elevado

15 g/¹/₂ oz de margarina poliinsaturada,
derretida

8 rebanadas de pan integral, sin la corteza

RELLENO DE VERDURAS

155 g/5 oz de brócoli, separado
en ramilletes

125 g/4 oz de granos de maíz dulce,
escurridos

125 g/4 oz de champiñones, en tajadas

¹/₂ pimiento rojo, picado

4 huevos, ligeramente batidos

³/₄ taza/185 ml/6 fl oz de leche
descremada

¹/₂ taza/60 g/2 oz de queso cheddar
reducido en grasas, rallado

pimienta negra recién molida

1 Untar con la margarina un molde para tarta de 23 cm/9 in. Forrarlo con el pan, recortando las rodajas para cubrir el fondo y los laterales.

2 Para preparar el relleno, acomodar sobre el pan el brócoli, el maíz dulce, los champiñones y el pimiento rojo. Colocar los huevos y la leche en un recipiente y batir. Verter la mezcla sobre las verduras y espolvorear con queso y pimienta negra a gusto. Hornear 30-35 minutos o hasta que esté firme.

Sugerencia para servir: caliente o fría, resulta deliciosa con verduras al vapor o ensalada.

4 porciones

Temperatura del horno
180ºC, 350ºF, Gas 4

Para esta quiche se puede utilizar cualquier verdura a elección. Es una buena manera de aprovechar todo lo que haya en el cajón de las verduras. Las verduras de cocción más lenta, como zanahorias, papas y chirivías, primero deben cocinarse en forma parcial.

CERDO CON SALSA DE VINO TINTO

1150 kilojulios/275 calorías por porción – carbohidratos: bajo; grasas: elevado; fibras: bajo

2 lomos de cerdo de 250 g/8 oz
cada uno, desgrasados
1 cucharada de miel, tibia
1 cucharada de salsa Worcestershire
1 cucharada de vino tinto

SALSA AL VINO TINTO

1 cebolla pequeña, picada
$^1/_2$ tallo de apio, picado
1 cucharadita de chutney de frutas
1 taza/250 ml/8 fl oz de caldo de pollo
$^1/_4$ taza/60 ml/2 fl oz de vino tinto
2 cucharaditas de margarina
poliinsaturada
2 cucharaditas de harina común
185 g/6 oz de champiñones, en tajadas

1   Colocar el cerdo en una fuente de vidrio o cerámica poco profunda. Mezclar la miel, la salsa Worcestershire y el vino, verter sobre los filetes y marinar 15-20 minutos. Escurrir el cerdo y cocinar en la barbacoa o el grill, precalentados, 15-20 minutos o hasta que esté cocido a gusto; dar vuelta y pincelar con la marinada varias veces.

2   Para preparar la salsa, colocar la cebolla, el apio, el chutney, el caldo y el vino en una cacerola sobre fuego bajo y cocinar, revolviendo, 5 minutos o hasta que el líquido se reduzca a la mitad. Tamizar y reservar.

3   Derretir la margarina en una cacerola limpia sobre fuego mediano, agregar la harina, mientras se revuelve, y cocinar 1 minuto. Retirar la cacerola del fuego y revolver mientras se incorpora gradualmente la mezcla de vino tinto. Añadir los champiñones y cocinar, revolviendo constantemente, 5 minutos o hasta que la salsa hierva y espese.

Sugerencia para servir: cortar el cerdo en rodajas gruesas, cubrir con la salsa y acompañar con ensalada verde o vegetales a elección y papas hervidas.

4 porciones

ADEREZO SALTARÍN DE LAS ISLAS

50 kilojulios/10 calorías por porción – carbohidratos: bajo; grasas: insignificante; fibras: nulo

4 cucharadas de yogur natural
bajo en grasas
2 cucharadas de leche descremada
1 cucharada de extracto de jitomates
sin sal agregada
1 cucharada de vinagre de vino tinto
3 gotas de salsa Tabasco

1   Colocar el yogur, la leche, el extracto de jitomates, el vinagre y la salsa Tabasco en un frasco hermético y agitar para mezclar.

rinde 1 taza/250 ml/8 fl oz

LASAÑA DE BERENJENAS

1200 kilojulios/285 calorías por porción – carbohidratos: bajo; grasas: elevado; fibras: medio

¹/₄ taza/60 ml/2 fl oz de jugo de limón

1 cucharada de aceite de oliva

¹/₂ cucharadita de pimienta negra partida

1 berenjena de aproximadamente
500 g/1 lb, cortada a lo largo en tajadas
de 5mm/¹/₄ in de espesor

¹/₂ taza/30 g/1 oz de pan seco, molido

3 cucharadas de queso parmesano rallado

1 cebolla grande, picada

2 dientes de ajo, machacados

440 g/14 oz de jitomates en lata sin sal
agregada, escurridos y picados,
y 1 cucharada del jugo

1 cucharadita de orégano seco

1 cucharadita de albahaca seca

una pizca de pimienta de Cayena

³/₄ taza/185 ml/6 fl oz de puré
de jitomates sin sal agregada

2 cucharadas de vino blanco

6 planchas de lasaña integral instantánea

³/₄ taza/185 g/6 fl oz de ricota
reducida en grasas

3 cucharadas de queso mozzarella
reducido en grasas, rallado

1 Mezclar el jugo de limón, el aceite
y la pimienta negra y utilizar para pincelar
las tajadas de berenjena. Cocinarlas en
el grill precalentado 3-4 minutos o hasta
que estén doradas. Mezclar el pan molido
con el queso parmesano y reservar.

2 Colocar la cebolla, el ajo y el jugo de
jitomates en una sartén antiadherente sobre
fuego mediano y cocinar 2-3 minutos.

Agregar el orégano, la albahaca,
la pimienta de Cayena, los jitomates,
el puré de jitomates y el vino y cocinar,
revolviendo, 5 minutos.

3 Extender un tercio de la mezcla
de jitomates sobre la base de una fuente
para horno de 15 x 25 cm/6 x 10 in.
Cubrir con 3 planchas de lasaña y la mitad
de la mezcla de pan molido, luego
intercalar una capa de berenjena
y disponer la mitad de la ricota. Repetir
las capas, hasta terminar con una
de mezcla de jitomates. Espolvorear con
el queso mozzarella y hornear 45 minutos.

4 porciones

Temperatura del horno
180ºC, 350ºF, Gas 4

Para lograr una comida
completa, sirva con
ensalada verde o verduras
al vapor a elección.

Lasaña de berenjenas

PESTO

185 kilojulios/45 calorías por porción – carbohidratos: bajo; grasas: elevado; fibras: insignificante

Sírvalo como aderezo
para pastas calientes
o frías. También es bueno
como mojo para bastones
de verduras crudas
o ligeramente cocidas
al vapor.

60 g/2 oz de hojas de **albahaca fresca**
2 cucharadas de **queso**
parmesano rallado
1 cucharada de **piñones** tostados
2 dientes de **ajo** picados
4 cucharadas de **vinagre blanco**
2 cucharadas de **aceite poliinsaturado**

Colocar en una procesadora la albahaca,
el queso parmesano, los piñones, el ajo,
el vinagre y el aceite y procesar hasta
lograr una mezcla homogénea.

rinde 1 taza/250 ml/8 fl oz

ADEREZO DE PEPINO

25 kilojulios/6 calorías por porción – carbohidratos: insignificante; grasas: insignificante; fibras: insignificante

Sírvalo como aderezo para
ensalada de papas o
como mojo para verduras
crudas o ligeramente
cocidas al vapor.

1 **pepino** pequeño, sin semillas
y finamente picado
1 cucharada de **mostaza en grano**
1 taza/200 g/6 ½ oz de **yogur natural**
bajo en grasas

Colocar el pepino, la mostaza y el yogur
en un recipiente y mezclar.

rinde 1 ½ taza/375 ml/12 fl oz

*Aderezo oriental, Aderezo
francés rápido,
Aderezo saltarín de las islas
(página 28), Pesto, Aderezo
de pepino*

ADEREZO ORIENTAL

155 kilojulios/35 calorías por porción – carbohidratos: insignificante; grasas: elevado; fibras: insignificante

2 cucharaditas de jengibre fresco rallado
1 cucharada de semillas de ajonjolí
1 chile rojo fresco pequeño,
finamente picado
2 cucharadas de aceite poliinsaturado
1 cucharada de jerez dulce
1 cucharada de salsa
de soja reducida en sal
½ cucharadita de aceite de ajonjolí

Colocar el jengibre, las semillas de ajonjolí, el chile, el aceite, el jerez dulce, la salsa de soja y el aceite de ajonjolí en un frasco hermético y sacudir para mezclar.

rinde 1 taza/250 ml/8 fl oz

Sírvalo como aderezo de ensaladas de tallarines chinos, pasta o lechuga. También resulta indicado para intensificar rápidamente el sabor de fideos calientes.

ADEREZO FRANCÉS RÁPIDO

115 kilojulios/25 calorías por porción – carbohidratos: insignificante; grasas: elevado; fibras: insignificante

1 cucharada de perejil fresco picado
1 cucharada de cebollín fresco,
cortado con tijera
1 cucharada de estragón fresco picado
½ cucharadita de azúcar
¼ cucharadita de mostaza en grano
4 cucharadas de jugo de limón o lima
4 cucharadas de vinagre de vino blanco
2 cucharadas de aceite de oliva

Colocar el perejil, el cebollín, el estragón, el azúcar, la mostaza, el jugo de limón o lima, el vinagre y el aceite en un frasco hermético y sacudir para mezclar.

rinde 1 taza/250 ml/8 fl oz

Sírvalo como aderezo de ensalada coleslaw, de lechuga o de papas caliente.

SALTEADO DE VERDURAS Y TOFU

860 kilojulios/205 calorías por porción – carbohidratos: bajo; grasas: elevado; fibras: medio

500 g/1 lb de tofu, cortado
en cubos pequeños
1 chile rojo fresco, finamente picado
2 cucharadas de salsa de soja
reducida en sal
2 cucharaditas de miel, tibia
1 cucharadita de aceite de ajonjolí
2 zanahorias, peladas
2 calabacitas
1 berenjena pequeña
1 chirivía
2 cucharaditas de aceite poliinsaturado
2 cebollas, cortadas en octavos
2 cucharadas de semillas de ajonjolí

1 Colocar el tofu, el chile, la salsa de soja, la miel y el aceite de ajonjolí en un recipiente y marinar 15-20 minutos.

2 Utilizar un pelaverduras de hoja ancha y cortar en cintas largas las zanahorias, las calabacitas, la berenjena y la chirivía.

3 Calentar el aceite en una sartén sobre fuego mediano, agregar las cebollas y freír 3 minutos o hasta que estén tiernas. Añadir las zanahorias, las calabacitas, la berenjena y las semillas de ajonjolí y freír 6-8 minutos o hasta que las verduras estén tiernas y crujientes.

4 Incorporar el tofu y la marinada y freír 2 minutos más.

4 porciones

CURRY PICANTE DE POLLO

855 kilojulios/205 calorías por porción – carbohidratos: elevado; grasas: bajo; fibras: medio

10 papas nuevas, peladas y en mitades
2 cebollas, cortadas en octavos
1 diente de ajo, machacado
$^1/_2$ cucharadita de curry en pasta
440 g/14 oz de jitomates en lata sin sal
agregada, con su jugo y pisados
3 cucharaditas de curry en polvo
2 cucharaditas de comino molido
1 taza/250 ml/8 fl oz de caldo de pollo
4 cucharadas de puré de jitomates
sin sal agregada
2 cucharadas de vino blanco seco
2 cucharadas de chutney de mango
2 pechugas de pollo deshuesadas,
cortadas en cubos de 2 cm/$^3/_4$ in
1 cucharada de cilantro fresco picado

1 Cocinar las papas por hervido, al vapor o en microondas hasta que estén tiernas. Enfriar.

2 Colocar las cebollas, el ajo, el curry en pasta y una cucharada del jugo de los jitomates en una cacerola sobre fuego mediano y cocinar 2-3 minutos o hasta que las cebollas estén tiernas.

3 Mezclar el curry en polvo, el comino, los jitomates, el caldo, el puré de jitomates, el vino blanco y el chutney de mango. Agregar, mientras se revuelve, la mezcla de cebolla y cocinar 2-3 minutos. Añadir el pollo y las papas y cocinar a fuego bajo 5 minutos o hasta que el pollo esté tierno. Antes de servir espolvorear con el cilantro.

4 porciones

GOULASH DE TERNERA

1005 kilojulios/240 calorías por porción – carbohidratos: bajo; grasas: bajo; fibras: medio

4 bistecs de ternera de 1 cm/$^1/_2$ in
de espesor, de 125 g/4 oz cada uno,
desgrasados
2 cucharadas de harina común
1 cucharada de páprika
$^1/_2$ cucharadita de pimienta negra molida
2 cucharaditas de aceite de oliva
2 cebollas, picadas
125 g/4 oz de champiñones, en tajadas
2 dientes de ajo, machacados
$^1/_2$ taza/125 ml/4 fl oz de puré
de jitomates sin sal agregada
$^1/_2$ taza/125 ml/4 fl oz de caldo de res
2 cucharadas de jerez dulce
125 g/4 oz de chícharos congelados
3 cucharadas de yogur natural
bajo en grasas
2 cucharadas de perejil fresco picado

1   Cortar la ternera en trozos de
2 cm/$^3/_4$ in. Colocar la harina, la páprika
y la pimienta negra en una bolsa plástica,
agregar la ternera y sacudir para cubrir
en forma pareja. Descartar el exceso
de harina.

2   Calentar el aceite en una cacerola
sobre fuego alto, añadir la ternera
y cocinar 3-4 minutos o hasta que esté
dorada. Sacar de la cacerola y reservar.
Agregar las cebollas, los champiñones
y el ajo y cocinar 2-3 minutos, hasta que
la cebolla esté tierna. Incorporar, mientras

se revuelve, el puré de jitomates, el caldo
y el jerez y llevar a punto de ebullición.
Bajar la llama y cocinar a fuego lento,
sin tapar, 20 minutos.

3   Colocar la ternera de nuevo en
la cacerola, agregar los chícharos y cocinar
5 minutos. Retirar la cacerola del fuego
y añadir, mientras se revuelve, el yogur
y el perejil.

Sugerencia para servir: para que la
comida resulte equilibrada, acompañar
con arroz integral y ensalada verde
u hortalizas y legumbres como calabaza
y frijoles.

4 porciones

Este goulash también
resulta delicioso si
se prepara con cordero
magro.

Curry picante de pollo

PASTEL DE ARROZ

1145 kilojulios/335 calorías por porción – carbohidratos: elevado; grasas: bajo; fibras: elevado

Temperatura del horno
180ºC, 350ºF, Gas 4

Como este pastel tiene un contenido elevado de carbohidratos y un bajo tenor graso, pequeñas porciones pueden convertirse en un refrigerio ideal.

1 taza/220 g/7 oz de arroz
integral, cocido
2 cucharadas de queso
parmesano rallado
$^1/_4$ cucharadita de chile en polvo
2 claras

RELLENO DE CAMOTES

750 g/1 $^1/_2$ lb de camotes pelados,
cocidos y en puré
2 cucharadas de cebollín fresco,
cortado con tijera
$^1/_2$ cucharadita de nuez moscada rallada
$^1/_2$ cucharadita de comino molido
2 huevos, ligeramente batidos

1 Colocar el arroz, el queso parmesano, el chile en polvo y las claras en un recipiente y mezclar. Disponer la preparación en un molde para pastel de 20 cm/8 in, ligeramente engrasado.

2 Para preparar el relleno, combinar los camotes, el cebollín, la nuez moscada, el comino y los huevos dentro de un recipiente. Colocar la mezcla en el molde y hornear 20-25 minutos o hasta que el relleno esté firme.

Sugerencia para servir: este práctico pastel se puede servir caliente, tibio o frío. Para una comida completa añadir ensalada verde o coleslaw.

4 porciones

RISSOLES DE SALMÓN RÁPIDOS

1405 kilojulios/335 calorías por porción – carbohidratos: bajo; grasas: medio; fibras: medio

3 papas grandes, cocidas y en puré
440 g/14 oz de salmón rosado en lata sin
sal agregada, escurrido y desmenuzado
155 g/5 oz de calabaza rallada
3 cebollas de rabo, picadas
1 cucharada de mostaza alemana
1 cucharada de yogur
natural bajo en grasas
1 clara
2 cucharaditas de jugo de limón
2 tazas/125 g/4 oz de pan
integral seco, molido
2 cucharaditas de aceite poliinsaturado

1 Mezclar en un recipiente las papas, el salmón, la calabaza, las cebollas, la mostaza, el yogur, la clara y el jugo de limón. Formar con la mezcla ocho pastelillos chatos y empanarlos con el pan molido. Colocarlos en una fuente forrada con film y enfriar 30 minutos.

2 Calentar el aceite en una sartén antiadherente sobre fuego mediano, agregar los pastelillos y cocinar 3-4 minutos de cada lado o hasta que estén dorados.

Sugerencia para servir: acompañar con ensalada fresca y pan crocante.

4 porciones

*Pastel de arroz, Salteado de verduras y tofu (página 32),
Goulash de ternera (página 33)*

PAPAS RELLENAS SABROSAS

8 papas, cepilladas

1 Cocinar las papas por hervido o en microondas hasta que estén tiernas.

2 Hacer un corte en cruz en la parte superior de cada papa y presionar para abrir. Repartir en los cortes el relleno que se prefiera (ver abajo) y llevar al grill precalentado 4-5 minutos para calentar.

4 porciones

RELLENO DE QUESO Y CEBOLLÍN

790 kilojulios/190 calorías por porción (incluidas las papas) – carbohidratos: bajo; grasas: medio; fibras: medio

³/₄ taza/185 g/6 oz de ricota reducida en grasas
4 cucharadas de queso cheddar reducido en grasas
2 cucharadas de cebollín fresco, cortado con tijera
pimienta negra recién molida

Dentro de un recipiente mezclar la ricota y el cheddar con el cebollín y pimienta negra a gusto.

4 porciones

RELLENO DE FRIJOLES DE SOJA AL QUESO

995 kilojulios/235 calorías por porción (incluidas las papas) – carbohidratos: medio; grasas: medio; fibras: elevado

1 taza/250 ml/8 fl oz de leche descremada
2 cucharadas de almidón de maíz
375 g/12 oz de frijoles de soja en lata, escurridos
¹/₂ taza/60 g/2 oz de queso cheddar reducido en grasas, rallado
2 cucharadas de queso parmesano rallado
¹/₄ cucharadita de nuez moscada rallada
1 cucharada de perejil fresco picado
pimienta negra recién molida

Calentar en una cacerola ³/₄ taza/185 ml/6 fl oz de leche por 3-4 minutos, sin que hierva. Diluir el almidón de maíz con la leche restante y agregarlo a la cacerola. Cocinar revolviendo sin cesar hasta que la salsa espese. Incorporar los frijoles de soja, el queso cheddar, el parmesano y la nuez moscada, revolver y cocinar 2-3 minutos. Condimentar con el perejil y pimienta negra a gusto.

4 porciones

PIZZA LIBANESA

1515 kilojulios/360 calorías por porción – carbohidratos: bajo; grasas: elevado; fibras: medio

1 taza/185 g/6 oz de burgol
(trigo partido)
1 cebolla, picada
1 diente de ajo, machado
500 g/1 lb de cordero magro picado
1 cucharada de menta fresca picada
¹/₂ cucharadita de hierbas secas surtidas
¹/₂ cucharadita de chile en polvo
1 cucharada de jugo de limón

CUBIERTA DE JITOMATES Y HUMMUS

³/₄ taza/220 g/7 oz de hummus
2 jitomates en rodajas
8 hojas de espinaca, blanqueadas
y picadas
3 cucharadas de piñones
4 cucharadas de queso cheddar
reducido en grasas, rallado

1   Colocar el burgol en un recipiente.
Verter 2 tazas/500 ml/16 fl oz de agua
caliente y dejar en remojo 10-15 minutos.
Escurrir y reservar.

2   Disponer la cebolla y el ajo en una
sartén antiadherente sobre fuego mediano
y cocinar, revolviendo, 3 minutos o hasta
que la cebolla esté tierna. Agregar al trigo
la mezcla de cebolla, el cordero, la menta,
las hierbas surtidas, el chile en polvo
y el jugo de limón e integrar.

3   Ubicar la mezcla de carne en un molde
para pizza de 30 cm/12 in y hornear
20 minutos o hasta que la base esté firme.

4   Para preparar la cubierta untar la base
de carne con el hummus y cubrir con
los jitomates y la espinaca. Espolvorear
con los piñones y el queso y cocinar
en el grill precalentado 3-4 minutos
o hasta que el queso se funda.

Sugerencia para servir: cortar la pizza
en triángulos y saborearla con pan
crocante y ensalada.

6 porciones

Temperatura del horno
180ºC, 350ºF, Gas 4

Durante las competencias,
los atletas de ultra
resistencia pueden
beneficiarse con bebidas
deportivas que contengan
pequeñas cantidades de
sal. Las tabletas de sal no
son recomendables, ya
que pueden provocar
malestares gástricos.

Refrigerios siempre a mano

BIZCOCHOS DE JENGIBRE Y FRUTAS

300 kiojulios/70 calorías por porción – carbohidratos: elevado; grasas: medio; fibras: bajo

1 ¹/₂ tazas/235 g/7 ¹/₂ oz de harina integral leudante, tamizada y con las cascarillas incorporadas de nuevo

¹/₄ taza/45 g/1 ¹/₂ oz de azúcar morena

3 cucharadas de frutas desecadas surtidas, picadas

1 cucharada de jengibre glaseado picado

3 claras, ligeramente batidas

¹/₃ taza/90 ml/3 oz de leche descremada

2 cucharadas de aceite de oliva

9 cerezas glaseadas, en mitades

1   Mezclar en un recipiente la harina, el azúcar, las frutas y el jengibre.

2   Agregar, mientras se revuelve lentamente, las claras, la leche y el aceite; unir bien.

3   Colocar cucharadas de la mezcla en una placa ligeramente engrasada, coronar cada una con media cereza y hornear 12-15 minutos o hasta que los bizcochos estén dorados. Pasar a una rejilla para enfriar.

18 unidades

Temperatura del horno
180ºC, 350ºF, Gas 4

Después de una sesión de entrenamiento procure llegar rápidamente a casa; holgazanear en el vestuario le hará perder un precioso tiempo que podría pasar en la cocina.

Muffins sin problemas, Bizcochos de jengibre y frutas

MUFFINS SIN PROBLEMAS

504 kilojulios/120 calorías por porción (receta básica) – carbohidratos: medio; grasas: medio; fibras: medio

**1³/₄ taza/280 g/9 oz de harina integral
leudante, tamizada y con las cascarillas
incorporadas de nuevo
¹/₂ taza/90 g/3 oz de azúcar morena
1 cucharadita de polvo para hornear
³/₄ taza/185 ml/6 fl oz de leche descremada
1 huevo, ligeramente batido
3 cucharadas de margarina
poliinsaturada, derretida**

1 Mezclar en un recipiente la harina, el
azúcar y el polvo para hornear. Agregar,
mientras se revuelve, la leche y el huevo,
luego incorporar la margarina y mezclar bien.

2 Colocar cucharadas de la mezcla en
12 moldes para muffins ligeramente
engrasados y hornear 20-25 minutos
o hasta que estén cocidos (probar con un
palillo) y dorados.

Muffins de zanahoria y nueces: Agregar
a la mezcla básica 155 g/5 oz de zanahorias
ralladas, 3 cucharadas de nueces picadas
y ¹/₂ cucharadita de canela molida.

Muffins de jengibre y almendras:
Incorporar a la mezcla básica 3 cucharadas
de almendras picadas, 2 cucharadas de
jengibre glaseado finamente picado y
2 cucharaditas de cáscara de naranja rallada.

Muffins de cranberry: Agregar a la mezcla
básica 170 g/5 fi lb de salsa de cranberry.

Muffins de arándanos: Añadir a la mezcla
básica 440 g/14 oz de arándanos en lata,
escurridos. Espolvorear cada muffin con
un poco de azúcar antes de cocinarlos.

Muffins de plátano y nueces pacanas:
Preparar un puré con 3 plátanos y
agregarlo a la mezcla básica junto con
3 cucharadas de nueces pacanas picadas.
Mezclar 3 cucharadas de azúcar morena
con 3 cucharadas de pacanas finamente
picadas y 1 cucharadita de canela molida
y espolvorear los muffins antes de
cocinarlos.

12 unidades

Temperatura del horno
180ºC, 350ºF, Gas 4

Los fines de semana
dedique tiempo a la
cocina. Prepare alimentos
que se puedan congelar
y recalentar rápidamente.
Estos muffins se recalientan
en microondas en
35-40 segundos.

CUADRADOS DE MÜSLI

390 kilojulios/95 calorías por porción – carbohidratos: bajo; grasas: elevado; fibras: bajo

Temperatura del horno
160°C, 325°F, Gas 3

Si comparte su casa con personas muy ocupadas, organice turnos rotativos para la cocina. Así tendrá la comida lista las noches que regrese tarde a casa.

60 g/2 oz de margarina poliinsaturada
3 cucharadas de miel
1 taza/200 g/6 $^{1}/_{2}$ oz de yogur natural bajo en grasas
2 huevos, ligeramente batidos
1 taza/250 g/8 oz de ricota reducida en grasas, escurrida
1 taza/155 g/5 oz de harina integral, tamizada y con las cascarillas incorporadas de nuevo
125 g/4 oz de pasas de uva picadas
$^{1}/_{2}$ taza/45 g/1 $^{1}/_{2}$ oz de coco deshidratado
45 g/1 $^{1}/_{2}$ lb de almendras fileteadas
3 cucharadas de semillas ajonjolí

1   Batir la margarina y la miel en un recipiente. Mezclar en forma gradual con el yogur y los huevos, luego agregar la ricota, la harina, las pasas, el coco, las almendras y las semillas de ajonjolí.

2   Verter la mezcla en un molde para torta de 18 x 28 cm/7 x 11 in, poco profundo y ligeramente engrasado, y hornear 35-40 minutos o hasta que la preparación esté firme y bien tostada. Enfriar en el molde y luego cortar en cuadrados.

24 unidades

BARRITAS DE DÁTILES RÁPIDAS

715 kilojulios/170 calorías por porción – carbohidratos: elevado; grasas: bajo; fibras: bajo

Temperatura del horno
180°C, 350°F, Gas 4

Los niños suelen volver de la escuela con mucho apetito. Prepare refrigerios nutritivos para esos momentos. Una combinación de sopas, sándwiches, yogures, frutas (frescas, desecadas o en lata), jugos de frutas, bastones de queso y muffins caseros constituye una buena reserva. Camino a casa pueden consumir un bocadillo, una bebida o parte de la cena.

90 g/3 oz de margarina poliinsaturada
$^{3}/_{4}$ taza/185 g/6 oz de azúcar sin refinar
1 huevo
155 g/5 oz de dátiles picados
1 taza/125 g/4 oz de harina leudante
$^{1}/_{2}$ taza/60 g/2 oz de müsli
2 cucharadas de semillas de girasol
2 cucharadas de semillas de calabaza verde picadas
1 cucharada de semillas de amapola
$^{1}/_{2}$ taza/100 g/3 $^{1}/_{2}$ oz de yogur natural bajo en grasas

GLASÉ DE LIMÓN

2 cucharaditas de margarina poliinsaturada
2 cucharadas de agua caliente
4 cucharadas de jugo de limón
2 tazas/315 g/10 oz de azúcar impalpable, tamizada

1   Colocar la margarina y el azúcar en un recipiente y batir hasta que la mezcla esté liviana y esponjosa. Agregar el huevo batido y luego los dátiles, la harina, el müsli, las semillas de girasol, calabaza y amapola y el yogur.

2   Colocar la mezcla por cucharadas en un molde ligeramente engrasado de 18 x 28 cm/7 x 11 in y hornear 25 minutos, o hasta que esté firme y dorada.

3   Para preparar el glasé, echar la margarina en el agua caliente y agitar hasta que se derrita, luego añadir el jugo de limón y revolver. Agregar el azúcar impalpable y batir hasta que se integre. Extender en forma pareja sobre la preparación de dátiles, ya fría. Dejar secar y luego cortar en barritas o cuadrados.

24 unidades

Bizcochos puro corazón (página 42), Barritas de dátiles rápidas, Bizcochos de avena (página 42), Cuadrados de müsli

BIZCOCHOS DE AVENA

665 kilojulios/160 calorías por porción – carbohidratos: elevado; grasas: medio; fibras: bajo

Temperatura del horno
180ºC, 350ºF, Gas 4

La pérdida de apetito
puede estar relacionada
con un entrenamiento
excesivo o con problemas
médicos. Si persiste,
se debe investigar.
Los problemas personales
y las presiones también
pueden afectar el apetito,
en cualquier dirección.
Los entrenadores, los
padres y las parejas deben
dedicar un tiempo para
tratar estos temas.

60 g/2 oz de margarina poliinsaturada
3 cucharadas de azúcar morena
1 cucharadita de esencia de vainilla
1 huevo
1 taza/90 g/3 oz de avena en hojuelas
$^1/_2$ taza/75 g/2 $^1/_2$ oz de harina integral
leudante, tamizada y con las cascarillas
incorporadas de nuevo
3 cucharadas de nueces pacanas picadas
3 cucharadas de dátiles picados
3 cucharadas de germen de trigo

CUBIERTA ROSADA

2 cucharaditas de margarina
poliinsaturada
3 cucharaditas de agua caliente
1 taza/155 g/5 oz de azúcar
impalpable, tamizada
unas gotas de colorante culinario rosado

1   Colocar la margarina en un recipiente
y batirla hasta que resulte aireada
y liviana. Añadir el azúcar y la esencia de
vainilla y batir para integrar. Agregar el
huevo y batir un poco más.

2   Incorporar la avena en hojuelas,
la harina, las nueces pacanas, los dátiles
y el germen de trigo y mezclar bien.

3   Colocar cucharadas de la mezcla sobre
placas ligeramente engrasadas y hornear
10 minutos o hasta dorar. Pasar a rejillas
para enfriar.

4   Para preparar la cubierta unir la
margarina con el agua caliente. Agregar el
azúcar impalpable y batir hasta que se
incorpore. Teñir con el colorante y poner
un poco sobre cada bizcocho.

15 unidades

BIZCOCHOS TODO CORAZÓN

500 kilojulios/120 calorías – carbohidratos: medio, grasas: elevado; fibras: bajo

Temperatura del horno
180ºC, 350ºF, Gas 4

Para mantener la energía
con alimentos líquidos, elija
alguna de las recetas
de la sección de bebidas
(páginas 48-50). Si no tiene
tiempo para prepararlas,
puede consumir bebidas
para deportistas
envasadas.

2 tazas/315 g/10 oz de harina integral
leudante, tamizada y con las cascarillas
incorporadas de nuevo
$^1/_3$ taza/90 g/3 oz de azúcar sin refinar
$^1/_2$ cucharadita de canela molida
125 g/4 oz de margarina poliinsaturada
125 g/4 oz de pasas de uva, picadas
30 g/1 oz de manzanas secas, picadas
1 huevo, ligeramente batido
4 cucharadas de leche descremada

1   Colocar en un recipiente la harina, el
azúcar y la canela. Deshacer la margarina
en la mezcla, con la punta de los dedos.
Incorporar las pasas y las manzanas, luego
agregar en forma gradual el huevo y
suficiente leche como para obtener
una masa espesa.

2   Colocar cucharadas grandes
de la mezcla sobre placas ligeramente
engrasadas y hornear 12-15 minutos
o hasta que estén dorados.

20 unidades

Comidas al paso

Las comidas rápidas serán "rápidas" para ingerir, ¡pero indudablemente no nos harán más rápidos en el campo de atletismo! Desafortunadamente, la comida rápida tiene elevados porcentajes de grasas, colesterol y sal. Las personas muy activas pueden ingerir grandes cantidades de comida rápida sin saciarse ya que ésta posee muy pocos carbohidratos y fibras para satisfacerlas. Un permiso ocasional no traerá problemas, siempre que no se trate de una comida previa a una competencia. Tenga en cuenta las siguientes recomendaciones para la elección de las mejores comidas rápidas y los mejores restaurantes.

EL BAR AL PASO

Ordene: burgers con ensalada, sándwiches de bistec, pollo asado (sin piel), pizza de masa gruesa (sin queso extra), sándwiches, bollos, pan árabe (preferentemente integral), papas en camisa con aderezo (sin crema agria), fruta, ensalada de frutas, frutas desecadas, yogures bajos en grasas, licuados, jugos, agua mineral, scones, bollos de fruta, muffins integrales.

Evite: papas fritas, cualquier alimento frito (como pollo, pescado, salchichas o carnes), pasteles, embutidos como salame, carnes grasas, tortas o postres con crema, golosinas.

ITALIANO

Ordene: antipasto de verduras, sopa minestrone o de verduras, grisines, pan sin grasa, ensalada de calamares, prosciutto con melón, ravioles, tortellini,

espaguetis, fettuccine o cualquier otra pasta con alguna de las siguientes salsas: napolitana (jitomate), marinara (mariscos), boloñesa (carne), primavera (verduras), puttanesca (verduras, jitomate y aceitunas); pollo cacciatore, pollo asado al ajo, escalopes de ternera, ossobuco, pizza de masa gruesa (sin demasiado queso), helado sin crema y frutas frescas.

Evite: pan de ajo o de hierbas, salame, peperoni, cualquier comida frita, canelones, lasañas, pasta con salsas de crema, saltimbocca (ternera con prosciutto y salvia), sabayón y cassata.

CHINO

Ordene: sopas claras con o sin wontons u otra pasta rellena, sopa de cangrejo y maíz, dim sum o wontons al vapor, arrollados de cerdo y lechuga, camarones satay, pescado al vapor con salsa de frijoles negros, arroz al vapor, verduras combinadas, platillos salteados con carne, pollo o cerdo magros, chow mein, chop suey, lychees y té chino.

Evite: cualquier comida frita, pollo con piel crujiente, pollo en salsa de limón, platillos agridulces, arroz frito, fideos fritos, pato pequinés, costillas de cerdo, pescado frito y alas de pollo.

DEL ORIENTE MEDIO

Ordene: hummus, mojo de berenjenas, pan árabe o pita, tabbouleh, kafta, shish kebabs, souvlaki, shawarma o doner kebab, kebbi, calabacitas rellenas con arroz, mojo de yogur y pepino.

Evite: falafel, salsas especiadas, baklava, pan con aceite o mantequilla derretida.

---

7 CONSEJOS CONTRA LA GRASA
- pida poca mantequilla en los sándwiches o arrollados
- pida pan extra (sin mantequilla)
- pida ensalada extra (sin aderezo)
- pida comida asada, no salteada ni frita
- pida verduras al vapor y arroz extra
- retire la piel de las aves antes de comerlas
- evite los platillos con salsas a la crema

CUENTA REGRESIVA PARA LA competencia

¡La estrategia nutricional que se utilice en las competencias puede mejorar o arruinar nuestro desempeño! Las necesidades están determinadas por el tipo y la duración del deporte que se practica.

Aquellos que compiten en eventos de resistencia se benefician con una reserva de glucógeno más elevada que la normal. Esto se puede lograr mediante la recarga de carbohidratos (página 21). Para los eventos más cortos, esto se puede lograr en 24-36 horas, si se disminuye el entrenamiento y se ingiere una dieta con elevados carbohidratos. Las comidas previas a una competencia y lo que se come y se bebe durante la misma deben planificarse bien con anticipación. Practique los planes de competición en las sesiones de entrenamiento. El tiempo que demore en la planificación lo ayudará para que las estrategia · nutricionales funcionen de manera adecuada el día de la competencia.

COMIDAS PREVIAS A LA COMPETENCIA

Ingiera la comida previa a la competencia 2-3 horas antes del horario en el que deba competir. Si come en un horario demasiado cercano al evento, el flujo sanguíneo se desviará hacia el sistema digestivo, alejándose de los músculos. Utilice los siguientes consejos y experimente con distintas comidas para ver cuál funciona mejor.

• En la comida previa a la competencia ingiera una comida con pocas grasas: la grasa retarda la digestión.

• Aumente las reservas de glucógeno con alimentos ricos en carbohidratos.

• Evite el alcohol 24-48 horas antes de la competencia.

• Prevenga la deshidratación con una ingesta moderada de proteínas y sin agregar sal. El exceso de proteínas y sal incrementa la producción de orina.

• Mantenga la hidratación, beba líquidos libremente: beba por lo menos 2 vasos/500 ml/16 fl oz 30 minutos antes de la competencia. Se recomienda que los atletas de resistencia incrementen la ingesta de líquidos 24 horas antes de la competencia.

• Ingiera su comida... ¡pero bébala! De este modo puede mantener su energía con alimento líquido.

TRIUNFE MIENTRAS ESPERA

Muchas competencias deportivas como la gimnasia, la danza, el atletismo, las carreras y las exhibiciones de natación están organizadas en distintas etapas eliminatorias que se pueden prolongar durante todo el día. En estas circunstancias, es importante mantener las reservas de líquido y glucógeno. Para lograrlo se debe planificar una estrategia de ingesta para la competencia.

• Para los intermedios cortos lo mejor son las bebidas: jugos, gaseosas, bebidas sin alcohol, bebidas que contengan glucosa. Todas ellas ayudan a reponer los líquidos y los carbohidratos. Lo mejor para los intermedios muy cortos es el agua natural.

• Durante los intervalos más prolongados ingiera comidas ricas en carbohidratos livianos. Coma frutas en lata, secas, maduras, peladas; gelatinas, yogures de bajas calorías o natillas; sándwiches con carne magra o con rellenos ricos en carbohidratos como plátano, miel y compota. El principal objetivo son las comidas y bebidas con elevados carbohidratos y bajas grasas.

• Los alimentos líquidos se digieren más rápido que los sólidos.

• Lleve siempre algo de comida y bebida con usted ya que los encuentros deportivos nunca ofrecen comidas adecuadas para los intermedios.

• Poco y a menudo es una buena filosofía. Esto ayuda a mantener alejada el hambre y previene la sensación de hinchazón.

• Los líquidos son una prioridad y se olvidan fácilmente cuando uno está nervioso.

• Comer y beber en los descansos puede ser difícil para aquellos que no están acostumbrados a hacerlo. El mejor lugar para practicar son las sesiones de entrenamiento. Después de un tiempo todo será natural.

SIN INTERRUPCIONES

Mientras que las dietas con muchas fibras son saludables y recomendables para la mayoría de la gente, una ingesta rica en fibras previa a la competencia puede provocar que los intestinos funcionen demasiado, en especial si uno está nervioso. Las comidas líquidas o una dieta reducida en fibras pueden ayudar a prevenir las interrupciones indeseadas. Después de la competencia se puede retomar una dieta rica en fibras.

Para algunos atletas, en especial para los corredores de resistencia, las interrupciones frecuentes pueden interferir con su entrenamiento regular. Estos atletas consumen gran cantidad de kilojulios (calorías) de comidas ricas en carbohidratos y fibras, por eso su ingesta de fibras tiende a ser muy elevada, a veces más de lo que sus intestinos pueden tolerar. Estos atletas se entrenarán con más comodidad si reducen un poco la ingesta de fibras. Esto se puede lograr si se sustituyen algunas de las comidas ricas en fibras por lo siguiente:

- Elegir panes blancos o negros dietéticos en lugar de panes integrales pesados.
- Elegir arroz blanco o pasta.
- Evitar los cereales a base de salvado y el salvado sin procesar.
- Pelar las frutas antes de comerlas.
- No excederse con comidas ricas en fibras, como guisantes secos, frijoles y nueces.
- Dar preferencia a las verduras ricas en carbohidratos (almidón) como las papas.

Plan de precompetencia

Aproveche al máximo lo que coma cuando falte una semana para la competencia. Utilice esta planificación de siete días como guía.

DÍA 1

Desayuno

Jugo de frutas
Avena en hojuelas con leche baja en grasas
Panecillos con duraznos y crema (página 11)

Almuerzo

Sopa dorada de calabaza (página 26)
Bollo integral apenas untado con margarina poliinsaturada o mantequilla
Papas con relleno de frijoles de soja al queso (página 36)
Ensalada verde
Fruta fresca
Agua mineral natural

Cena

Carne a la miel (página 66)
Arroz integral al vapor
Ensalada verde con aderezo oriental (página 31)
Bollo integral untado con margarina poliinsaturada o mantequilla
Crêpes para la despedida (página 76)

Refrigerios

1 fruta fresca
200 g/6^1/2 oz yogur bajo en grasas
1 muffin sin problemas (página 39)
1 tragos gratos (página 48)

DÍA 2

Desayuno

^{1}/2 melón cantaloupe pequeño con pasas de uva sultanas
Bocadillos de verduras (página 12)
2 rebanadas de pan o tostadas integrales apenas untadas con margarina poliinsaturada o mantequilla
Trago agitado (página 50)

Almuerzo

Popurrí de fettuccine y verduras (página 58)
1 taza de ensalada de frutas
200 g/6 ^{1}/2 lb de yogur bajo en grasas
Jugo de frutas

Cena

Pescado empanado rápido (página 65)
Papas nuevas hervidas (2 pequeñas)
Ensalada verde con aderezo francés rápido (página 31)
Bollo integral apenas untado con margarina poliinsaturada o mantequilla
Fruta fresca
Jugo de frutas

Refrigerios

2 rebanadas de pan de pasas apenas untado con margarina poliinsaturada o mantequilla
2 frutas frescas o 2 vasos de jugo de frutas

DÍA 3

Desayuno

Jugo de frutas
186 g/6 oz de ensalada de frutas frescas con yogur bajo en grasas y pasas de uva sultanas
Omelette primavera (página 10)
2 rebanadas de pan o tostadas integrales apenas untadas con margarina poliinsaturada o mantequilla

Almuerzo

Pastel de arroz (página 34)
Ensalada verde con aderezo francés rápido (página 31)
2 frutas frescas
Agua mineral natural

Cena

Cerdo con salsa de vino tinto (página 28)
Papas nuevas al vapor (2 pequeñas)
Porciones generosas de sus verduras preferidas al vapor
Bollo integral apenas untado con margarina poliinsaturada o mantequilla
Strudel frutado (página 72)
Jugo de frutas

Refrigerios

3 panqueques integrales (página 56)
1 tragos gratos (página 48)
Néctar de frutas

DÍA 4

Desayuno

Jugo de frutas
185 g/6 oz de ensalada de frutas frescas con yogur bajo en grasas
Cereales integrales con leche baja en grasas
2 bollos integrales apenas untados con margarina poliinsaturada o mantequilla y rociados con miel

Almuerzo

Panecillos hawaianos sabrosos (página 13)
Fruta fresca
Ponche de piña (página 50)

Cena

Pasta con chile a la mexicana (página 66)
Ensalada verde con aderezo de pepino (página 30)
Bollo integral apenas untado con margarina poliinsaturada o mantequilla
Fruta fresca
Refresco de frutas (jugo de frutas y agua mineral natural)

Refrigerios

Barritas de dátiles rápidas (página 40)
200 g/6 ^{1}/2 oz de yogur natural bajo en grasas con frutas desecadas a elección
1 fruta fresca

DÍA 5

Desayuno

Jugo de frutas grande
Porridge frutado (página 12) con leche baja en grasas y un toque de yogur natural bajo en grasas rociado con miel
Fruta fresca

Almuerzo

Pizza vegetariana (página 22)
Ensalada verde con aderezo saltarín de las islas (página 28)

Bollo integral apenas untado con margarina poliinsaturada o mantequilla
Popurrí de frutas al paso (página 70)

Cena

Curry picante de pollo (página 32)
Verduras al vapor a elección
Bollo integral apenas untado con margarina poliinsaturada o mantequilla
Fruta al vapor complementaria con budín de pan con chabacanos (página 74)
Agua mineral natural

Refrigerios

Ponche de piña (página 50)
2 tostadas de pan integral apenas untadas con margarina poliinsaturada o mantequilla, con mermelada
1 fruta fresca

DÍA 6

Desayuno

Jugo de frutas
Müsli vigoroso (página 8)
2 tostadas de pan integral untadas con puré de plátanos con miel y canela

Almuerzo

Sándwich con varias capas (página 16)
Fruta fresca
Jugo de frutas

Cena

Sopa de verduras y lentejas
Bollo integral apenas untado con margarina poliinsaturada o mantequilla
Pilaf de verduras (página 64)
Ensalada verde aderezada con vinagre de limón
Budín de verano (página 74)
Jugo de frutas

Refrigerios

2 bizcochos de jengibre y frutas (página 38)
Bolitas de melón (página 54)
1 tragos gratos (página 48)

DÍA 7

Desayuno

Tango frutal (página 49)
1 taza de ensalada de frutas
Cereal integral con leche baja en grasas
Panqueques de alforfón aromáticos (página 10) con guarnición de yogur y plátanos (página 8)

Almuerzo

Sopa minestrone (página 24)
Ensalada de granos dorada (página 14)
Bollos integrales apenas untados con margarina poliinsaturada o mantequilla
200 g/6 $^{1}/_{2}$ oz de yogur bajo en grasas
Fruta fresca
Jugo de frutas

Cena

Salteado de pollo (página 61)
Fideos hervidos (375 g/12 oz)
Ensalada verde
Arroz cremoso con frambuesas y arándanos (página 72)
Jugo de frutas

Refrigerios

2 rebanadas de pan de pasas apenas untado con margarina

poliinsaturada o mantequilla, con miel
1 fruta fresca

FUNDAMENTOS DEL PLAN

Cada menú diario suministra aproximadamente 12600 kilojulios/3000 calorías: 10500 kilojulios/2500 calorías de las comidas y 2100 kilojulios/500 calorías de los refrigerios. El nivel de energía (kilojulios/calorías) es adecuado para hombres activos. Para mujeres y aquellos menos activos, servir porciones más pequeñas y reducir u omitir los refrigerios ayudará a disminuir la energía al nivel adecuado. Alternativamente, el incremento de comidas como el pan, frutas, jugos, arroz y pasta aumentará la energía y los carbohidratos en el menú diario.

La proporción de energía de las proteínas, grasas y carbohidratos es de aproximadamente 20% de proteínas, 20% de grasa y 60% de carbohidratos para los días 1-3. Con el objetivo de elevar las reservas de glucógeno para la competencia, a la mañana del 7 se elevó la proporción de carbohidratos al 70% en los días 4-7 y se disminuyeron las grasas y proteínas al 15% cada uno de esos días.

Tamaños de las porciones

Arroz cocido	1 taza/85 g/6 oz
Jugo de frutas	1 taza/250 ml/8 fl oz
Avena en hojuelas cocida	1 taza/250 g/8 oz
Cereal integral	1 taza/30-60 g/1-2 oz

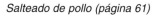

Salteado de pollo (página 61)

en un trago

Muchas personas activas han crecido con el mito de que es perjudicial beber agua durante los ejercicios.

• La estrategia de competición más importante es la restitución de líquidos. No cumplir con ella puede ser perjudicial para el desempeño y peligroso para la salud.

• En la mayoría de los casos el agua es el mejor líquido de restitución.

• La restitución con agua es adecuada para los eventos de corta duración o escasa resistencia.

• El agua fría (5-15ºC o refrigerada) es ideal porque permanece poco tiempo en el estómago.

• En los eventos de ultra resistencia (los que duran más de tres horas) pueden producirse pérdidas importantes de glucógeno y sal durante la competencia. Las bebidas deportivas (de restitución electrolítica) ayudan a restituir los carbohidratos y la sal junto con el agua.

TRAGOS GRATOS

1300 kilojulios/310 calorías por porción (receta básica) – carbohidratos: elevado; grasas: bajo; fibras: medio

2 plátanos, en rodajas
2 cucharadas de leche
en polvo descremada
¼ cucharadita de especias surtidas molidas
1 taza/200 g/6 ½ oz de yogur
bajo en grasas frutado
1½ taza/375 ml/12 fl oz de leche
descremada
ramitas de menta fresca

Colocar en una procesadora los plátanos, la leche en polvo, las especias surtidas, el yogur y la leche. Procesar hasta obtener una mezcla homogénea. Verter en vasos altos enfriadas y adornar con la menta.

Trago de chabacanos: reemplazar los plátanos por 250 g/8 oz de chabacanos en lata cortados en cubos y el yogur frutado por yogur de chabacanos. Omitir las especias surtidas y agregar 1 cucharadita de cáscara de naranja rallada.

Trago de fresas: reemplazar los plátanos por 250 g/8 oz de fresas y el yogur frutado por yogur de fresas. Omitir las especias surtidas.

2 tragos

Tango frutal

450 kilojulios/105 calorías por porción – carbohidratos: elevado; grasas: bajo; fibras: medio

2 tazas/500 ml/16 fl oz de jugo
de naranja
2 tazas/500 ml/16 fl oz de jugo
de manzana
2 tazas/500 ml/16 fl oz de jugo de piña
pulpa de 4 fruta de la pasión
2 tazas/500 ml/16 fl oz de agua mineral
natural con gas
3 cucharadas de menta fresca picada
2 bandejas de cubos de hielo

Mezclar en una ponchera grande los jugos de naranja, manzana y piña y la pulpa de fruta de la pasión. Cubrir y refrigerar hasta el momento de servir. Justo antes, agregar el agua mineral, la menta y los cubos de hielo.

4 tragos

Desde la izquierda: Flip de huevo (página 50), Tango frutal, Trago agitado (página 50), Ponche de piña (página 50), Trago de fresas

¿QUÉ ES UNA BEBIDA ESTÁNDAR?

1 bebida estándar
es igual a:
2 x 280 ml/9 fl oz
de cerveza reducida
en alcohol
1 x 280 ml/9 fl oz
de cerveza común
1 x 125 ml/4 fl oz de vino
de mesa
1 x 60 ml/2 fl oz de vino
fortificado
1 x 30 ml/1 fl oz de bebidas
espirituosas
Recomendaciones para
el consumo de alcohol
sin riesgos:
Mujeres: 1-2 bebidas
estándar, 4-5 veces
por semana.
Hombres: 3-4 bebidas
estándar, 4-5 veces
por semana.

TRAGO AGITADO

1300 kilojulios/310 calorías por porción – carbohidratos: elevado; grasas: bajo; fibras: bajo

2 cucharadas de leche
en polvo descremada
1 bocha de helado de vainilla
1 cucharada de miel
$^1/_2$ cucharadita de esencia de vainilla
1 taza/250 ml/8 fl oz de leche
descremada

Colocar en una procesadora la leche en polvo, el helado, la miel, la esencia de vainilla y la leche y procesar hasta homogeneizar. Repartir en vasos altos enfriados y servir.

1 trago

PONCHE DE PIÑA

1160 kilojulios/275 calorías por porción – carbohidratos: elevado; grasas: bajo; fibras: bajo

3 cucharadas de piña triturada en lata
1 bocha de helado de vainilla
$^1/_2$ taza/100 g/3 $^1/_2$ oz de yogur
natural bajo en grasas
$^1/_2$ taza/125 ml/4 fl oz de jugo de piña

Colocar en una procesadora la piña, el helado, el yogur y el jugo y procesar hasta lograr una textura homogénea. Servir en copas.

1 trago

Durante la práctica de ejercicios la sed no es un buen indicador de la necesidad de líquidos. Cuando uno comienza a sentir sed ya está deshidratado, así que recuerde beber pequeñas cantidades a menudo.

FLIP DE HUEVO

1275 kilojulios/305 calorías por porción – carbohidratos: medio; grasas: bajo; fibras: bajo

2 cucharadas de leche
en polvo descremada
1 cucharada de miel
una pizca de nuez moscada rallada
1 taza/250 ml/8 fl oz de leche
descremada
1 huevo
$^1/_2$ cucharadita de esencia de vainilla

Colocar en una procesadora la leche en polvo, la miel, la nuez moscada, la leche, el huevo y la esencia de vainilla y procesar hasta obtener una mezcla homogénea. Verter en copas altas y espolvorear con nuez moscada extra.

1 trago

¿Demasiado calor para trotar?

El ejercicio aumenta la producción de calor corporal. El sudor ayuda a evitar que el cuerpo se acalore demasiado.

Para sudar el cuerpo debe estar bien hidratado. Si se produce la deshidratación, la temperatura del cuerpo aumenta y el resultado es una sobrecarga de calor. En los casos graves se pueden producir daños físicos severos o la muerte. Aunque los atletas sudan y manejan mejor el calor que las personas sin entrenamiento, también pueden experimentar una sobrecarga de calor.

PREVENIR LA SOBRECARGA DE CALOR

El consumo regular de líquidos durante el ejercicio ayuda a restituir lo que se pierde en sudor y previene la deshidratación y la sobrecarga de calor. Los síntomas de la sobrecarga de calor comienzan lentamente. Las primeras señales de aviso incluyen fatiga, dolor de cabeza, sensación de vértigo o náuseas. Si el estado empeora se produce desorientación o incoherencia y cesa el sudor. En esta etapa la mayoría de los afectados está tan desorientada que no puede detenerse y deben intervenir los organizadores del evento. La sobrecarga de calor severa requiere una urgente intervención médica.

BEBIDAS DEPORTIVAS

La controversia acerca de la composición ideal de las bebidas deportivas (restitución electrolítica) utilizadas durante el ejercicio aún continúa. La preocupación principal es el tiempo que tardan en pasar por el estómago: cuanto más concentrada es la bebida más demora para salir del estómago y absorberse en el flujo sanguíneo. Se considera que esta demora es riesgosa para la hidratación, y además las bebidas de vaciado lento pueden provocar náuseas durante el ejercicio.

Muchas bebidas deportivas nuevas, que se pueden comprar en las farmacias, contienen polímeros de glucosa, que son evacuados del estómago casi tan rápidamente como el agua. La glucosa ayuda a retrasar la fatiga y mantiene los niveles de azúcar en sangre durante la ejercitación. Como regla general, los líquidos que se consumen durante los ejercicios no deberían exceder el 10% de carbohidratos.

RECARGA

La gente que compite en eventos de alta resistencia que se extiendan 2-3 horas deben restituir los carbohidratos y los líquidos durante la competencia. Las bebidas deportivas combinan la hidratación con la recarga. Las comidas ricas en carbohidratos en conjunción con las bebidas deportivas también ayudan a la restitución de carbohidratos y energía.

A las personas que compiten en eventos de resistencia se les aconseja que consuman 50 g de carbohidratos por hora. Cada atleta debe probar para determinar qué comidas les resultan mejores.

RESTITUCIÓN DE LÍQUIDOS

La cantidad de líquidos necesaria para equilibrar las pérdidas depende de la intensidad y duración de los ejercicios, como así también de las condiciones ambientales. No es raro para los atletas profesionales sudar más de 1 litro por hora. Para compensar la pérdida de líquidos:
- Consumir 155-300 ml/5-9 ½ fl oz de líquido cada 20-30 minutos de ejercicios vigorosos.
- Los niños y adolescentes necesitan 75-200 ml/2 ½ -6 ½ fl oz más de líquido en un marco de tiempo similar.
- Idealmente se deberían consumir 250-500 ml/8-16 fl oz de líquido extra 20-30 minutos antes del evento.
- Los atletas de resistencia se benefician aumentando la ingesta de líquidos 24 horas antes de la competencia.

9 FORMAS DE MANTENERSE FRÍO
- ejercitarse durante los momentos más fríos del día
- adaptarse en forma gradual a las condiciones climáticas
- usar ropas cómodas que permitan sudar libremente
- usar pantalla solar y gorra para protegerse de los rayos solares
- evitar el ejercicio cuando uno no se siente bien
- aprender a reconocer los síntomas de la sobrecarga de calor
- beber agua fría con regularidad
- no postergar la ingesta de bebidas; es difícil recuperarse una vez que sobreviene la deshidratación
- practicar la restitución de líquidos durante el entrenamiento

La cantina
DEL DEPORTISTA

Muchos clubes y centros deportivos tienen una cantina, pero desafortunadamente las opciones de comidas saludables pueden ser limitadas.

Si se sirven comidas sanas en este ambiente se puede ayudar a educar a los niños y a los padres sobre una dieta correcta. Teniendo en cuenta esto, muchos lugares están instalando cantinas más orientadas a la salud. Con un poco de planificación pueden ser tan populares y redituables como sus menos saludables antecesores. A continuación se ofrecen algunas ideas.

GUÍA PARA CANTINAS

La cantina puede ser importante como un ejemplo práctico de salud y nutrición.

- Interesarse por la política del club donde concurren usted y sus hijos acerca de qué debería suministrar la cantina para los almuerzos y refrigerios.
- Seguir la Pirámide de la Dieta Saludable, la cual enfatiza las comidas ricas en carbohidratos, proteínas, vitaminas y minerales y bajas en grasas, azúcar y sal.
- Fomentar la venta de comidas bajas en grasas como sándwiches y bollos con rellenos bajos en grasas y ensaladas y frutas como una alternativa para los pasteles, las salchichas y las comidas fritas.
- Introducir bebidas lácteas bajas en grasas, yogur y queso.
- Brindar degustaciones y promociones especiales, como hacen los supermercados, para averiguar cuáles son las comidas más populares y promover nuevas ideas.

OTRAS COMIDAS PARA LA CANTINA

A lo largo de este libro encontrará recetas que se pueden adecuar a una cantina deportiva. Pruebe alguna de las opciones que siguen:

- sándwich con varias capas (página 16)
- sándwiches saludables (página 16)
- rollos de verduras y ensalada (página 18)
- quiche fácil y rápida (página 26)
- muffins sin problemas (página 39)
- bizcochos de jengibre y frutas (página 38)
- bizcochos vigorosos (página 42)
- tajadas de dátiles rápidas (página 40)
- bizcochos de avena (página 42)
- cualquiera de los tragos de la sección de tragos (páginas 48-50)

Miniquiches (página 56), Hielo tropical, Panqueques integrales (página 56)

HIELO TROPICAL

282 kilojulios/68 calorías por porción (receta básica) – carbohidratos: elevado; grasas: bajo; fibras: bajo

440 g/14 oz de piña triturada en lata
2 mangos, la pulpa picada
1 plátano, en rodajas
menta fresca

1   Colocar en una procesadora la piña, los mangos, el plátano y la menta y procesar hasta lograr una textura homogénea. Verter en bandejas para cubos de hielo y congelar hasta que esté firme.

2   Desmoldar los cubos de frutas congelados y presentarlos en tazones. Comer con los dedos.

Hielo de fresas y sandía: reemplazar la piña, los mangos y el plátano por 250 g/8 oz de fresas y ¼ de sandía, sin semillas y con la pulpa picada. Omitir la menta.

50 unidades

BASTONES DE CRÍQUET

85 kilojulios/20 calorías por porción – carbohidratos: bajo; grasas: elevado; fibras: insignificante

Temperatura del horno
180ºC, 350ºF, Gas 4

4 papas cocidas y hechas puré
1 cucharada de leche
en polvo descremada
1 cucharada de perejil fresco picado
una pizca de pimienta de Cayena
15 g/^{1}/$_2$ oz de margarina
poliinsaturada, derretida
3 cucharadas de queso
parmesano rallado

1   Mezclar el puré de papas con la leche en polvo descremada, el perejil, la pimienta de Cayena y la margarina.

2   Colocar la preparación en una manga con boquilla grande en forma de estrella y sobre una placa engrasada formar bastones de 7,5 cm/3 in. Espolvorear con el queso parmesano y hornear 20 minutos o hasta que estén dorados.

25 unidades

BOLITAS DE MELÓN

180 kilojulios/45 calorías por porción – carbohidratos: elevado; grasas: insignificante; fibras: bajo

^{1}/$_2$ melón cantaloupe, sin semillas
^{1}/$_2$ melón rocío de miel, sin semillas
^{1}/$_4$ sandía, sin semillas
2 cucharadas de jugo de limón
1 cucharadita de miel
pulpa de 2 frutas de la pasión

Con el utensilio especial extraer bolitas de ambas clases de melón y de la sandía. Mezclar en un recipiente el jugo de limón, la miel y la pulpa de las frutas de la pasión. Pasar las bolitas por esta preparación y luego colocarlas en forma alternada en 12 pinchos de madera. Enfriar.

12 unidades

APRECIAR BIEN
Utilice el principio de apreciar "PRICED" para tratar sin demora esfuerzos y esguinces.
Prevenir futuros daños.
Rest (descansar).
Ice (hielo) para reducir el dolor, la hinchazón y los espasmos musculares.
Compresión. Aplique sobre la parte lastimada un vendaje firme, que abarque también las zonas situadas arriba y debajo de la lesión.
Elevación. Eleve la parte lesionada por encima del nivel del corazón.
Diagnóstico. Consulte a un profesional especializado, médico o fisioterapeuta.

SÁNDWICHES SANTIAMÉN

810 kilojulios/195 calorías por sándwich (jamón y piña) – carbohidratos: medio; grasas: medio; fibras: medio

1 cucharadita de margarina
poliinsaturada "lite"
2 rebanadas de pan integral

RELLENOS A ELECCIÓN

1 huevo, cocido sin grasa en una sartén antiadherente
1 cucharada de cebollín fresco, cortado con tijera
1 tajada de jamón reducido en grasas y en sal
1 tajada de queso cheddar reducido en grasas
1 rodaja de piña en lata, escurrida
frijoles horneados
1 cucharada de queso cottage bajo en grasas
2 rodajas de jitomate

1   Untar ligeramente con la margarina uno de los lados del pan.

2   Colocar el relleno elegido sobre el lado no untado del pan y cubrir con la otra rebanada. Tostar en una plancha enrejada o en una sandwichera por 2-3 minutos o hasta que estén dorados.

1 sándwich

Sándwiches santiamén, Bolitas de melón, Bastones de críquet

PANQUEQUES INTEGRALES

340 kilojulios/80 calorías por porción – carbohidratos: medio; grasas: medio, fibras: bajo

PANQUEQUES

3/4 taza/185 ml/6 fl oz de leche descremada
2 cucharadas de aceite poliinsaturado
1 cucharadita de jugo de limón
1 huevo
2 cucharadas de miel
1 taza/155 g/5 oz de harina leudante
integral tamizada con 1 cucharadita
de canela molida y con las cascarillas
incorporadas de nuevo
2 cucharaditas de margarina
poliinsaturada

RELLENO DE FRESAS

3 cucharadas de ricota reducida en grasas
1 cucharada de yogur natural
bajo en grasas
2 cucharaditas de miel
250 g/8 oz de fresas, picadas

1   Para preparar los panqueques, colocar
en una procesadora la leche descremada,
el aceite, el jugo de limón, el huevo
y la miel y procesar para integrar. Agregar
la harina con canela y procesar hasta
obtener una pasta homogénea.

2   Derretir la margarina en una sartén
antiadherente. Verter en ella cucharadas
de la pasta y cocinar sobre fuego mediano
hasta dorar de ambos lados.

3   Para hacer el relleno, disponer en una
procesadora la ricota, el yogur y la miel
y procesar hasta lograr una textura lisa.
Pasar a un bol y agregar las fresas. Tapar
y refrigerar hasta utilizar.

Sugerencia para servir: cubrir los
panqueques con el relleno y servir, aunque
también resultan deliciosos si se comen
solos.

12 unidades

Para preparar algo
diferente, reemplace
las fresas por 2 plátanos
picados y agregue al
relleno 1/2 cucharadita de
nuez moscada rallada.

MINIQUICHES

1255 kilojulios/300 calorías por porción (receta básica) – carbohidratos: bajo; grasas: elevado; fibras: bajo

315 g/10 oz de masa integral para tarta,
preparada
1 cebolla, finamente picada
220 g/7 oz de salmón en lata sin sal
agregada, escurrido y desmenuzado
2 huevos, ligeramente batidos
3/4 taza/185 ml/6 fl oz de leche descremada
1/4 cucharadita de nuez moscada rallada
2 cucharadas de eneldo fresco picado
pimienta negra recién molida
60 g/2 oz de queso cheddar reducido en
grasas, rallado
1 cucharada de cebollín fresco, cortado
con tijera

1   Forrar con la masa seis moldes para
tarteletas de 7,5 cm/3 in.

2   Cocinar la cebolla en una sartén
antiadherente sobre fuego mediano
4-5 minutos o hasta que esté tierna.
Repartir la cebolla y el salmón en los
moldes. Combinar los huevos, la leche,
la nuez moscada, el eneldo y pimienta
negra a gusto. Verter en los moldes,
espolvorear con el queso y el cebollín
y hornear 20 minutos o hasta que la
mezcla esté firme.

3   **Quiches de jamón y espinaca:** cocinar
por hervido, al vapor o en microondas
100 g/3 1/2 oz de espinaca picada hasta
que esté tierna. Repartirla en los moldes.
Distribuir encima 100 g/3 1/2 oz de jamón
reducido en grasas y en sal, picado,
y 3 cucharadas de pimiento rojo picado.
Luego verter la mezcla de huevo, coronar
con queso y cebollín y hornear 20 minutos.

6 unidades

Temperatura del horno
200ºC, 400ºF, Gas 6

Los productos lácteos bajos
o reducidos en grasas
constituyen una excelente
fuente de calcio. Algunos
tienen calcio agregado y,
por lo tanto, su aporte de
este mineral es mayor que
el de la leche común. Son
muy útiles para aquellas
personas que tienen que
controlar la ingesta de
grasas o colesterol y para
las que cuidan su peso.
También resultan
beneficiosos para los niños
de más de 2 años, pero los
más pequeños necesitan
leche común para obtener
los kilojulios/calorías
suficientes para crecer.

Superar la prueba del pellizco

No existe un peso ideal para ninguna altura. Sin embargo, existe un nivel de peso saludable, basado en un índice de masa corporal (IMC) de 20-25. El índice de masa corporal es una medida que se utiliza para calcular el peso corporal apropiado para la altura. Sólo es válido para mayores de 18 años y no es una medida adecuada para niños o adolescentes, cuyos pesos/alturas se deben calcular utilizando tablas de crecimiento.

Los atletas bien entrenados deberían saber que a menudo entran en la categoría de sobrepeso (IMC 25-30) debido a su masa muscular extra. Por consiguiente, el IMC no es una medida útil para la "gordura" de los atletas o de las personas muy activas con un gran desarrollo muscular.

Balanzas: es la forma más popular de determinar el peso corporal. Sin embargo, este método es limitado ya que mide todos los componentes corporales: músculos, huesos, grasa y agua. Como uno de los objetivos del entrenamiento físico es incrementar la masa muscular y minimizar la grasa, las básculas no brindan una indicación verdadera de la relación entre grasa y músculos.

Medidas de pliegues de la piel: son una forma sofisticada de la "prueba del pellizco", que a menudo se utiliza para calcular la cantidad de grasa corporal. Estas mediciones tienen más sentido cuando son efectuadas por profesionales especializados, concentrándose en los cambios producidos como resultados de dietas y/o entrenamientos.

Niveles bajos de grasa: son esenciales para los atletas si desean ser competitivos en la gran mayoría de deportes. Sin embargo, los niveles de grasa se pueden convertir en una obsesión, en la que unos milímetros de exceso de grasa parecen devastadores. Los atletas deben comprender que la grasa corporal varía de un individuo a otro y que en algunos casos "menos" no siempre significa "mejor." En otras palabras, lo que es bueno para un compañero de equipo no siempre es lo mejor para uno.

LOGRARLO O NO

La mayoría de la gente se preocupa por su peso. Aunque algunos deportistas, como los boxeadores, remeros, levantadores de pesas y jinetes profesionales tienen categorías de peso estrictas para poder competir, no existe un peso ideal para cada altura. En ocasiones, los atletas competitivos se concentran demasiado en un peso determinado, sin considerar si es apropiado para ellos.

En algunos casos, el físico de ciertos individuos no es adecuado para el deporte o la categoría de peso en los que quieren competir. Esto a menudo lleva al uso de dietas estrictas, laxantes, saunas, tabletas de líquidos o quizás esteroides anabólicos con el objetivo de cambiar el peso o la composición corporal. Estos métodos ponen en riesgo la salud del atleta y pueden tener efectos físicos y síquicos perjudiciales. Si no se puede bajar de peso de una manera sensata, lo mejor es concentrar los esfuerzos en un deporte más adecuado al tipo de cuerpo ya que será menos peligroso y más reconfortante.

El IMC se calcula dividiendo el peso en kilogramos por el cuadrado de la altura en metros.

$$\frac{Peso}{Altura^2} = IMC$$

Por ejemplo, si su peso es de 70 kg y su altura de 1,75 m (175 cm)

$$\frac{70}{1.75^2} = 22.86$$

COMIDA FAMILIAR
en un tris

POPURRÍ DE FETTUCCINE Y VERDURAS

2355 kilojulios/560 calorías por porción – carbohidratos: elevado; grasas: bajo; fibras: elevado

375 g/12 oz de fettuccine de espinaca
375 g/12 oz de fettuccine comunes

SALSA DE VERDURAS

1 cebolla, finamente picada
2 dientes de ajo, machacados
440 g/14 oz de jitomates en lata sin sal agregada, con su jugo y hechos puré
6 calabazas patty pan amarillas, en tajadas finas
250 g/8 oz de espárragos, cortados en trozos de 5 cm/2 in de largo
155 g/5 oz de comelotodos
2 calabacitas, picadas
1 pimiento rojo, picado
1 cucharada de albahaca fresca picada
$^{1}/_{2}$ taza/125 ml/4 fl oz de puré de jitomates sin sal agregada
30 g/1 oz de láminas de queso parmesano

1   Cocinar la pasta en una cacerola grande con agua hirviente, siguiendo las instrucciones del envase. Escurrir y mantener caliente.

2   Para preparar la salsa, colocar la cebolla, el ajo y 1 cucharada del jugo de los jitomates en una cacerola sobre fuego mediano y cocinar 3 minutos o hasta que la cebolla esté tierna. Agregar los jitomates, la calabaza, los espárragos, los comelotodos, las calabacitas, el pimiento rojo, la albahaca y el puré de jitomates y cocinar 4 minutos o hasta que las verduras estén tiernas.

Sugerencia para servir: colocar cucharadas de salsa sobre la pasta y espolvorear con las láminas de queso parmesano.

4 porciones

En regiones o épocas de clima cálido y húmedo use ropas sueltas, que permitan pasar el aire para que la piel se enfríe. Disminuya la intensidad de los ejercicios que realice y ejercítese durante las horas más frescas del día. En condiciones de clima frío use ropas secas y abrigadas, superpuestas, para retener el calor del cuerpo. Cúbrase la cabeza, el rostro y las manos para evitar la pérdida de calor en esas zonas y estar bien abrigado.

Tacos al paso (página 60), Popurrí de fettuccine y verduras, Ñoquis con salsa de hierbas (página 60)

ÑOQUIS CON SALSA DE HIERBAS

1015 kilojulios/240 calorías por porción – carbohidratos: medio; grasas: medio; fibras: medio

750 g/1½ lb de ñoquis de papas

SALSA DE HIERBAS

4 cucharadas de perejil
fresco picado grueso
4 cucharadas de cilantro
fresco picado grueso
4 cucharadas de albahaca
fresca picada gruesa
2 cucharadas de piñones
1 cucharada de queso parmesano rallado
1 cucharada de mayonesa
reducida en grasas
1 cucharada de caldo de verduras
pimienta negra recién molida

1 Cocinar los ñoquis en una cacerola grande con agua hirviente, siguiendo las instrucciones del envase. Escurrir y reservar al calor.

2 Para preparar la salsa colocar en una procesadora el perejil, el cilantro, la albahaca, los piñones y el queso parmesano y procesar para integrar. Agregar la mayonesa, el caldo y pimienta negra a gusto y seguir procesando hasta unir.

Sugerencia para servir: verter la salsa de hierbas sobre los ñoquis y servir de inmediato. Acompañar con vegetales verdes al vapor o ensalada a elección y bollos integrales.

4 porciones

Es bueno ser entusiasta, pero no demasiado. Al comienzo no realice más de dos sesiones semanales, con una pausa de dos días entre ellas. Aumente en forma gradual la cantidad de sesiones. El dolor muscular que se prolonga más de un día significa que se está excediendo.

TACOS AL PASO

1480 kilojulios/355 calorías por porción – carbohidratos: bajo; grasas: elevado; fibras: medio

8 tacos para rellenar
60 g/2 oz de brotes de comelotodo
o berro
250 g/8 oz de jitomates cherry en tajadas
90 g/3 oz de queso cheddar reducido
en grasas, rallado

RELLENO DE CARNE Y CHILE

500 g/1 lb de carne magra de res, picada
1 cebolla grande, picada
2 dientes de ajo, machacados
1 cucharadita de comino molido
250 g/8 oz de jitomates en lata sin sal
agregada, escurridos y hechos puré
½ taza/125 ml/4 fl oz de puré
de jitomates sin sal agregada
1 cucharada de salsa de chile

1 Para preparar el relleno, calentar una sartén antiadherente sobre fuego mediano, colocar en ella la carne, la cebolla y el ajo y cocinar 5-6 minutos. Agregar el comino, los jitomates, el puré de jitomates y la salsa de chile y llevar a punto de ebullición. Bajar la llama y cocinar a fuego lento 10 minutos o hasta que la mayor parte del líquido se evapore.

2 Colocar los tacos sobre una placa y calentarlos en el horno 5 minutos. Rellenarlos y coronarlos con brotes de comelotodo o berro, rodajas de jitomates y queso.

Sugerencia para servir: los tacos constituyen una comida rápida y sabrosa si se acompañan con arroz y ensalada verde surtida.

4 porciones

Temperatura del horno
180°C, 350°F, Gas 4

Si es mayor de 35 años o sabe que tiene factores de riesgo, realice un examen médico antes de comenzar su programa de ejercicios.

Salteado de pollo

SALTEADO DE POLLO

905 kilojulios/215 calorías por porción – carbohidratos: bajo; grasas: bajo; fibras: medio

500 g/1 lb de pechuga de pollo
deshuesada, en tajadas finas
350 g/11 oz de brócoli, separado
en ramilletes
2 calabacitas pequeñas, picadas
1 zanahoria, en rodajas
1 pimiento rojo, en tajadas
2 cucharadas de jengibre fresco rallado
2 cucharadas de salsa de soja
reducida en sal
1 cucharada de miel
1 cucharada de salsa de chile dulce
1 cucharada de salsa hoisin
2 cucharaditas de almidón de maíz
diluidas con 1 cucharada de agua

1   Calentar una sartén antiadherente
a fuego mediano, agregar el pollo y freír
2-3 minutos o hasta que esté tierno.
Retirar de la sartén y reservar.

2   Colocar en la sartén el brócoli, las
calabacitas, la zanahoria y el pimiento
rojo y freír 2-3 minutos.

3   Agregar el jengibre, la salsa de soja,
la miel, las salsas de chile y hoisin y
el almidón de maíz. Cocinar, revolviendo,
2-3 minutos o hasta que la salsa hierva
y espese. Colocar de nuevo el pollo
en la sartén y freír 2-3 minutos más.

Sugerencia para servir: delicioso servido
en un colchón de arroz o fideos.

4 porciones

Un calentamiento gradual
prepara el corazón, los
pulmones, los músculos
y las articulaciones para
el ejercicio. Debe incluir
5-10 minutos de actividad
aeróbica general, por
ejemplo trote en el lugar.
Estire los principales grupos
de músculos que usará en
el deporte y practique las
habilidades que deberá
demostrar en el ejercicio
o el juego.

Durante años se advirtió a los atletas, en especial a los de resistencia, que consumir azúcar inmediatamente antes de ejercitarse podía causar una disminución de los niveles de azúcar en sangre después de comenzar a ejercitarse (teóricamente porque el azúcar estimula la liberación de la hormona insulina, cuya función es disminuir el nivel de azúcar en sangre). Una investigación reciente indica que, aunque los azúcares pueden disminuir, en la mayoría de los casos el efecto es transitorio y no parece afectar el desempeño. Por otra parte, ingerir azúcar inmediatamente antes de ejercitarse no parece beneficiar el desempeño. Grandes cantidades de soluciones azucaradas concentradas pueden provocar malestares gástricos en algunos individuos. La indicación del azúcar en las etiquetas de los alimentos se refiere a la sacarosa o azúcar de mesa. Otros azúcares o edulcorantes como fructosa (azúcar de fruta), lactosa (azúcar de leche), glucosa, maltosa, sorbitol y miel son aptos para endulzar las comidas. Gramo por gramo, estos edulcorantes tienen un valor kilojúlico/calórico similar al del azúcar. La ley autoriza que las etiquetas de los productos lleven la leyenda "sin azúcar agregada" cuando no contienen sacarosa. Si está cuidando su ingesta de azúcares o calorías, procure detectar en las etiquetas el contenido de azúcares ocultos. En contraste, la sacarina, el ciclamato y el Nutrasweet aportan kilojulios/calorías insignificantes.

SOPA DE VERDURAS Y LENTEJAS

500 kilojulios/120 calorías por porción – carbohidratos: elevado; grasas: insignificante; fibras: elevado

1 cebolla, finamente picada
6 tazas/1,5 litros/2 ½ pt de caldo
de verduras
2 zanahorias, picadas
2 calabacitas, picadas
1 chirivía, picada
2 tallos de apio, finamente picados
2 jitomates, pelados, sin semillas
y picados
315 g/10 oz de lentejas rojas, cocidas
1 cucharada de cilantro fresco picado
pimienta negra recién molida

1   Colocar la cebolla y 2 cucharadas de caldo en una cacerola a fuego mediano y cocinar 3 minutos o hasta que la cebolla esté tierna. Incorporar las zanahorias, las calabacitas, la chirivía, el apio y los jitomates y cocinar durante 2 minutos más. Verter el caldo restante, llevar a punto de ebullición, luego bajar la llama y cocinar a fuego lento 5-6 minutos.

2   Agregar las lentejas, el cilantro y pimienta negra a gusto y cocinar 4-5 minutos.

Sugerencia para servir: acompañar con pan integral para que la comida resulte equilibrada y satisfaga.

4 porciones

CURRY RÁPIDO

1360 kilojulios/325 calorías por porción – carbohidratos: bajo; grasas: elevado; fibras: medio

2 cucharaditas de aceite poliinsaturado
500 g/1 lb de cordero, desgrasado
y cortado en tiras
½ coliflor pequeña, separada
en ramilletes
2 cebollas, cortadas en octavos
1 pimiento rojo, cortado en cubos
2 dientes de ajo, machacados
1 cucharada de curry en polvo
1 cucharadita de comino molido
1 cucharadita de cúrcuma molida
60 g/2 oz de chícharos congelados
3 cucharadas de pasas de uva sultanas
1 taza/250 ml/8 fl oz de caldo de pollo
2 cucharaditas de almidón de maíz
disueltas en 2 cucharadas de agua
1 taza/200 g/6 ½ oz de yogur natural
bajo en grasas
1 cucharadita de garam masala

1   Calentar el aceite en una sartén a fuego mediano, agregar el cordero y freír 3-4 minutos o hasta que cambie de color. Retirar de la sartén y reservar.

2   Añadir a la sartén la coliflor, las cebollas, el pimiento rojo, el ajo, el curry en polvo, el comino y la cúrcuma y freír 5 minutos. Incorporar de nuevo el cordero, agregar los chícharos, las sultanas, el caldo y la mezcla de almidón de maíz y cocinar, revolviendo, hasta que el curry hierva y espese. Unir con el yogur y el garam masala y calentar sin que hierva.

Sugerencia para servir: acompañar el curry con arroz al vapor.

4 porciones

Pilaf de verduras (página 64),
Sopa de verduras y lentejas, Curry rápido

PILAF DE VERDURAS

2 cucharadas de aceite poliinsaturado
2 cebollas rojas, en tajadas
1 diente de ajo, machacado
315 g/10 oz de brócoli, separado
en ramilletes
315 g/10 oz de coliflor, separada
en ramilletes
250 g/8 oz de calabazas patty pan,
en tajadas
185 g/6 oz de champiñones,
cortados en cuartos
1 pimiento rojo, picado
2 tazas/440 g/14 oz de arroz
integral, cocido

1   Calentar el aceite en una sartén
a fuego mediano, añadir las cebollas
y el ajo y cocinar 3 minutos o hasta que las
cebollas estén tiernas. Agregar el brócoli,
la coliflor, la calabaza, los champiñones
y el pimiento rojo y cocinar 4-5 minutos
o hasta que las verduras estén tiernas.

2   Agregar el arroz, mientras se revuelve,
y cocinar 5 minutos más.

Sugerencia para servir: acompañar con
ensaladas de guisantes surtidos y ensaladas
verdes.

4 porciones

El enfriamiento permite que
los sistemas del organismo
retomen su ritmo en forma
gradual. Para enfriarse
realice las mismas
actividades que
para precalentarse
(ver página 61), pero
en el orden inverso.

TAGLIATELLE CON ATÚN

1575 kilojulios/375 calorías por porción – carbohidratos: medio; grasas: bajo; fibras: medio

75 g/12 oz de tagliatelle o espaguetis
secos de harina integral

SALSA DE ATÚN

1 cebolla, finamente picada
1 diente de ajo, machacado
440 g/14 oz de jitomates en lata sin sal
agregada, escurridos y hechos puré
2 calabacitas, en rodajas
1 cucharada de extracto de jitomates
sin sal agregada
1 cucharada de vino tinto seco
440 g/14 oz de atún en lata al natural,
escurrido y en trozos
1 cucharada de albahaca fresca,
cortada en hebras
pimienta negra recién molida

1   Cocinar la pasta en una cacerola
grande con agua hirviente, siguiendo
las instrucciones del envase. Escurrir
y mantener caliente.

2   Para preparar la salsa, calentar una
sartén antiadherente a fuego mediano,
agregar la cebolla, el ajo y 1 cucharada del
jugo de los jitomates y cocinar 4-5 minutos
o hasta que la cebolla esté tierna. Agregar
los jitomates, las calabacitas, el extracto
de jitomates y el vino y cocinar a fuego
bajo, revolviendo, 5 minutos.

3   Agregar el atún y la albahaca,
condimentar con pimienta negra
y cocinar despacio hasta calentar.

Sugerencia para servir: colocar la
pasta sobre los platos, agregar la salsa
y espolvorear con albahaca. Servir
con ensalada de lechuga y hierbas
y pan crocante.

4 porciones

Para preparar la salsa
de atún en microondas,
coloque la cebolla y el ajo
en un recipiente apto para
microondas y cocine
en MÁXIMO (100%)
2 minutos. Agregue las
calabacitas, los jitomates,
el extracto de jitomates
y el vino y cocine
en MÁXIMO (100%)
3-4 minutos más. Incorpore
el atún, la albahaca
y pimienta negra a gusto
y cocine en MÁXIMO
(100%) 3-4 minutos más.

Pescado empanado rápido, Tagliatelle con atún

PESCADO EMPANADO RÁPIDO

1360 kilojulios/325 calorías por porción – carbohidratos: bajo; grasas: medio; fibras: medio

**4 postas de pescado blanco
de 200 g/6 ¹/₂ oz
2 cucharadas de jugo de limón**

CUBIERTA DE HIERBAS

**2 tazas/125 g/4 oz de pan
integral seco, molido
¹/₂ taza/45 g/1 ¹/₂ oz de avena
en hojuelas instantánea
2 cucharadas de cilantro fresco picado
2 cucharadas de cebollín fresco,
cortado con tijera
1 cucharada de vinagre
2 cucharaditas de aceite de oliva
pimienta negra recién molida**

1   Para preparar la cubierta, mezclar en un recipiente el pan molido, la avena en hojuelas, el cilantro, el cebollín, el vinagre, el aceite y pimienta negra a gusto. Reservar.

2   Pincelar los filetes con el jugo de limón y cocinar en el grill precalentado por 5 minutos, de un lado.

3   Dar vuelta el pescado y cubrir cada posta con una porción de la cubierta. Asar 5 minutos más o hasta que esté a punto y la cubierta se haya dorado.

Sugerencia para servir: adornar con limón y acompañar con papas y ensalada verde.

4 porciones

Estire cada músculo por lo menos dos veces antes de ejercitarse y una después de hacerlo. No salte ni estire de modo apresurado. No contenga el aliento mientras se estira. Mantenga cada estiramiento 30-60 segundos.

CARNE A LA MIEL

1180 kilojulios/280 calorías por porción – carbohidratos: bajo; grasas: elevado; fibras: bajo

1 cucharada de aceite poliinsaturado
500 g/1 lb de carne de nalga de res,
cortada en tiras
1 chirivía, cortada en tiras
1 pimiento rojo, cortado en tiras
4 hojas de espinaca, cortadas en juliana
3 cebollas de rabo, cortadas al sesgo
en trozos de 2,5 cm/1 in
1 diente de ajo, machacado
2 cucharaditas de jengibre fresco rallado
$^1/_3$ taza/90 ml/3 fl oz de salsa
de soja reducida en sal
2 cucharaditas de almidón de maíz
diluidas con 2 cucharadas de jerez seco
2 cucharaditas de miel

1 Calentar 2 cucharaditas de aceite en una sartén a fuego mediano, agregar la carne, la chirivía, el pimiento rojo, la espinaca y las cebollas y freír 2-3 minutos o hasta que la carne cambie de color. Retirar la mezcla de la sartén y reservar.

2 Verter en la sartén el aceite restante y calentar. Añadir el ajo y el jengibre y freír 1-2 minutos, luego colocar de nuevo la preparación de carne. Combinar la salsa de soja, el almidón de maíz diluido y la miel, incorporar la mezcla a la sartén y cocinar, revolviendo, 1-2 minutos. Servir de inmediato.

4 porciones

PASTA CON CHILE A LA MEXICANA

2540 kilojulios/605 calorías por porción – carbohidratos: elevado; grasas: bajo; fibras: elevado

750 g/1 $^1/_2$ lb de fettuccine al jitomate

SALSA DE CHILE

2 cebollas, picadas
1 diente de ajo, machacado
2 chiles rojos frescos, finamente picados
1 cucharada de agua
440 g/14 oz de frijoles rojos
en lata, escurridos
440 ml/14 fl oz de puré de jitomates
en lata sin sal agregada

1 Cocinar los fettuccine en una cacerola grande con agua hirviente siguiendo las indicaciones del envase. Escurrir y reservar.

2 Para preparar la salsa, colocar las cebollas, el ajo, los chiles y el agua en una cacerola a fuego mediano y cocinar 3-4 minutos o hasta que la cebolla esté tierna. Agregar los frijoles y el puré de jitomates y llevar a punto de ebullición. Bajar el fuego y cocinar a fuego lento 4-5 minutos o hasta que la salsa espese.

Sugerencia para servir: colocar la salsa sobre la pasta y servir con ensalada verde.

4 porciones

DETECTOR DE GRASAS
He aquí una guía rápida para identificar las comidas sin grasas, con bajas grasas o con grasas elevadas.

COMIDAS CON MUY POCA O SIN GRASA
Verduras, pasta, arroz, pan, fruta y cereales (verifique las etiquetas).

COMIDAS CON BAJAS GRASAS (MENOS DEL 4%)
Queso cottage bajo en grasas, yogur bajo en grasas, carnes magras de cerdo, pescado o res y pechugas de pollo (sin piel).

COMIDAS CON GRASAS ELEVADAS (4-40%)
Chocolate, crema, bizcochos de chocolate, tortas de crema, bizcochos rellenos con crema, papas fritas, embutidos, pollo empanado frito y quesos duros.

COMIDAS CON GRASAS MUY ELEVADAS (40-100%)
Mantequilla o margarina poliinsaturada, mayonesa, mantequilla de cacahuates y frutas secas.

Detector de grasas

Pasta con chile a la mexicana, Carne a la miel

Las dietas bajas en grasas ayudan a la gente a mantener sus cuerpos en forma. La mayoría de las dietas occidentales contiene demasiada grasa. Como las grasas tienen más kilojulios/calorías que cualquier otro nutriente, una ingesta excesiva puede conducir a la obesidad. La grasa debería suministrar menos del 10% de la energía diaria. Los atletas suelen ser o demasiado confiados o demasiado obsesivos sobre la ingesta de grasa: ningún extremo es bueno.

TIPOS DE GRASA

Los triglicéridos y el colesterol son los dos grupos de grasas principales de nuestra dieta. Es necesario mantener al mínimo el consumo de ambos.

Colesterol: se encuentra en alimentos como el hígado, el riñón, la yema de huevo, la mantequilla y el queso.

El exceso de colesterol se asoció con los ataques cardíacos, pero actualmente se considera menos importante que un ingesta excesiva de grasas saturadas. Existen tres tipos principales de triglicéridos:

Saturados: estos incluyen la mantequilla, el beicon, el queso, la carne con grasa, el coco y la leche entera. Se debe destacar que el exceso de grasas saturadas está relacionado con un elevado porcentaje de colesterol en sangre y con las enfermedades coronarias. Se recomienda reemplazar esta grasa por grasa monoinsaturada o poliinsaturada.

Monoinsaturados: estos incluyen las aceitunas, el aceite de cacahuate y el aguacate.

Poliinsaturados: estos incluyen el girasol, el cártamo, el pescado, los aceites de pescado y la margarina poliinsaturada.

En términos prácticos resulta fácil reducir las grasas visibles como las mezclas para untar, la grasa de la carne o la piel del pollo, los aderezos de las ensaladas o ese toque de crema extra. Sin embargo, para que la reducción sea efectiva es necesario estar atento a las grasas ocultas en las comidas. La lista de la página opuesta lo ayudará a reconocer algunas de esas fuentes.

67

Relatos de viajes

Como las comidas que se ofrecen en las reuniones deportivas no están necesariamente concebidas para ser saludables, los participantes deben estar preparados.

EVENTOS LOCALES

- Lleve su propia comida.
- Los alimentos envasados como pan, cereales, jugos o frutas (frescas, desecadas o en lata) se pueden transportar sin problemas.
- Las bebidas deportivas comerciales son un refrigerio conveniente y un gran respaldo.
- Lleve consigo agua pura a los centros deportivos con los que no esté familiarizado. Muchos de estos centros no suministran gaseosas o bebidas refrescantes a los competidores.
- Para los equipos numerosos se pueden organizar comidas especiales en hoteles y restaurantes. El equipo comerá mejor y más rápido.
- Cuando los equipos están afuera varios días hay que pensar en las instalaciones para cocinar, la comida o el menú que haya disponibles. Planificar ahorra tiempo y asegura que los competidores comerán bien.
- En caso de hospedarse en un hotel, llenar el refrigerador con artículos esenciales como cereales, jugos, frutas, pan y leche.

EN EL EXTRANJERO

Las sugerencias para las competencias locales, con algunas modificaciones, se pueden aplicar cuando se viaja a otros países.

- Escribir un itinerario de los países a visitar y realizar una pequeña investigación sobre las comidas que se ofrecen, confiabilidad del agua que se suministra en la zona, costo de la comida (así se podrá incluir en el presupuesto del viaje) y las disposiciones de aduana sobre el ingreso de bebidas deportivas especiales.
- La gran cantidad y variedad de comida que se ofrece en las villas atléticas puede ser una tentación para mucha gente. Intentar mantener la rutina acostumbrada.

COMER EN LUGARES DESCONOCIDOS

Siga estas instrucciones para evitar enfermedades:

- Usar agua hervida, esterilizada o embotellada. Si el agua no es segura también hay que evitar consumir hielo.
- Si no se consigue agua envasada, los refrescos en lata o botella son preferibles al suministro de agua local.
- Si el agua no es segura evitar los alimentos crudos que haya que lavar con agua.
- Evitar los productos lácteos sin pasteurizar. Si existen dudas sobre la pasteurización, utilizar leche larga vida o en polvo (preparada con agua esterilizada).
- Observar cómo son manipulados los alimentos. ¡Si existen dudas sobre la higiene, detrás de la escena puede ser peor! En ese caso sería preferible comer en otro lugar.

DIARREA DEL VIAJERO

Uno de los peligros de los viajes al exterior es la gastroenteritis, también llamada diarrea del viajero, cuyos síntomas incluyen deposiciones frecuentes y flojas, calambres estomacales, náuseas, vómitos y posiblemente fiebre. Se estima que la diarrea del viajero afecta entre el 30 y el 60% de los atletas que viajan al exterior. Además de la incomodidad, los efectos físicos y sicológicos pueden ser perjudiciales y pueden impedir que un deportista compita. El problema se puede prevenir eligiendo la comida y las bebidas en lugares higiénicos. También se debe evitar el consumo de agua local.

---

8 MANERAS DE PREVENIR EL JETLAG

- Haga algo de ejercicio ligero antes del vuelo
- Pida ubicación en la sección de no fumadores
- Mantenga la hora de su punto de partida durante el vuelo
- Ajústese al cambio de horario al llegar
- Consuma cantidades generosas de agua
- Levántese y estire las piernas en los viajes largos
- Evite el exceso de café, té, bebidas colas o alcohol
- Coma moderadamente

Levantar el hierro

El hierro es muy conocido por su presencia en la hemoglobina, un componente de los glóbulos rojos de la sangre.

La hemoglobina transporta el oxígeno a los tejidos y músculos del cuerpo y elimina el dióxido de carbono. Si no se obtiene suficiente hierro de las comidas se puede producir una anemia.

HIERRO

El hierro en las dietas se encuentra en dos formas:

Hierro hem (hemohierro): es bien absorbido por el cuerpo. Se encuentra en los alimentos cárnicos como res, aves y mariscos. Las fuentes más ricas son el hígado y los riñones.

Hierro no hem: se encuentra en los alimentos de origen vegetal, por ejemplo los cereales, el arroz, las pastas, el pan, las verduras, los frijoles secos y los guisantes. Es de absorción más difícil.

DEFICIENCIA DE HIERRO: ANEMIA

Las personas que entrenan intensamente corren el riesgo de padecer una anemia. Algunas de las razones para esto son:

Mayor pérdida de hierro: la pérdida de sangre por lastimaduras y por la fricción de los órganos internos y los glóbulos rojos de la sangre (debido a los ejercicios violentos) pueden aumentar la carencia de hierro. El hierro también se pierde con el sudor.

Disminución de ingesta: las personas que realizan dietas para adelgazar muy estrictas a menudo disminuyen la ingesta de alimentos ricos en hierro, como la carne.

Disminución de la absorción: las personas que realizan un entrenamiento intenso pueden sufrir una disminución en la absorción del hierro. Se requiere una mayor investigación científica para confirmar y averiguar las causas de este problema.

Diagnóstico de la anemia: los médicos deben realizar un análisis de sangre para determinar si una persona está anémica. Este análisis puede medir el hierro en los glóbulos rojos (hemoglobina) y también las reservas de hierro del cuerpo (ferritina). El cansancio y la disminución del desempeño atlético están asociados con las primeras etapas de la anemia (baja ferritina). Los síntomas en las etapas más avanzadas son más severos e incluyen fatiga, vértigo y posiblemente falta de aire. Una ingesta adecuada de hierro ayuda a prevenir la anemia.

INGESTA DE HIERRO RECOMENDADA

Niños	6-8 mg/día
Adolescentes	10-13 mg/día
Adultos	
Hombres	7 mg/día
Mujeres	12-16 mg/día
Embarazadas	22-36 mg/día

6 MANERAS DE LEVANTAR EL HIERRO

- incluya hierro hem (carne, pescado, aves) en la dieta diaria
- coma carnes rojas 3-4 veces por semana
- el hígado y los riñones son las fuentes más ricas en hierro hem
- en regímenes vegetarianos el hierro proviene de fuentes no hem (verduras, arroz, pastas, legumbres, etc.)
- mejore la absorción de hierro no hem incluyendo regularmente en las comidas alimentos ricos en vitamina C (por ejemplo, frutas cítricas)
- evite el consumo excesivo de cafeína (té, café y bebidas cola) y de salvado sin procesar, que puede reducir la absorción de hierro no hem

BUENAS FUENTES DE HIERRO

ALIMENTO	TAMAÑO DE LA PORCIÓN	HIERRO (MG)
Riñón de res (cocido a fuego lento)	1 taza/155 g/5 oz en cubos	11,4
Hígado de res (cocido a fuego lento)	1 taza/40 g/4 ½ oz en cubos	9,1
Bistec magro de res (asado)	1 bistec (185 g/6 oz)	6,8
Carne de ternera (magra, horneada)	2 rodajas (90 g/3 oz)	1,6
Carne de cerdo (magra, horneada)	2 rodajas (90 g/3 oz)	1,6
Chuleta de cordero (magra, asada)	1 chuleta (60 g/2 oz)	2,0
Pechuga de pollo (sin piel)	Media pechuga (75 g/2 ½ oz)	0,5
Salmón rojo	100 g/3 ½ oz	1,2
Atún (en aceite)	100 g/3 ½ oz	0,6
Ostras (crudas)	12 ostiones	2,3
Frijoles rojos	1 taza/70 g/5 ½ oz hervidos	3,8
Espinaca	1 taza/40 g/4 ½ oz cocida	4,4
Avena en hojuelas	1 taza/250 g/8 oz cocida	1,8
Pan integral	1 rodaja (30 g/1 oz)	0,7

Impreso con permiso. Fuente: Departamento de Servicios a la Comunidad y Salud del Commonwealth. 1989, NUTTAB Versión 89. Datos de la industria alimentaria.

TIEMPO DE
dulzuras

CHEESECAKE DE FRESAS

925 kilojulios/220 calorías por porción – carbohidratos: bajo; grasas: medio; fibras: medio

100 g/3 $^1/_2$ oz de bizcochos
integrales molidos
30 g/1 oz de margarina poliinsaturada,
derretida
2 cucharaditas de agua

RELLENO DE FRESAS

3 cucharadas de gelatina de fresas
1 cucharada de gelatina sin sabor
1 taza/250 ml/8 fl oz de agua hirviente
$^2/_3$ taza/140 g/4 $^1/_2$ oz de yogur natural
bajo en grasas
1 taza/250 g/8 oz de queso cottage
bajo en grasas
la pulpa de 3 frutas de la pasión
250 g/8 oz de fresas, peladas
y en mitades

1   Dentro de un recipiente unir los
bizcochos molidos con la margarina
y el agua. Colocar la mezcla en un molde
aro de 20 cm/8 in, levemente engrasado,
y refrigerar hasta que esté firme.

2   Para hacer el relleno colocar en un
tazón las gelatinas de fresas y sin sabor,
verter el agua y mezclar para disolver.
Enfriar a temperatura ambiente. Colocar
el yogur y el queso cottage en una
procesadora y procesar hasta lograr una
textura lisa. Agregar la mezcla de gelatinas
y procesar para integrar. Incorporar
la pulpa de fruta de la pasión. Verter
la preparación en el molde y refrigerar
hasta que tome consistencia. Acomodar
las fresas sobre la cheesecake y refrigerar
hasta que esté firme.

6 porciones

POPURRÍ DE FRUTAS AL PASO

1540 kilojulios/365 calorías por porción – carbohidratos: elevado; grasas: bajo; fibras: elevado

250 g/8 oz de frutas surtidas para compota
90 g/3 oz de popurrí de frutas desecadas
1 taza/250 ml/8 fl oz de néctar de
chabacano o jugo de naranja
3 cucharadas de jugo de limón
3 cucharadas de coñac
2 cucharaditas de miel, tibia
1 manzana, picada
250 g/8 oz de fresas
250 g/8 oz de uvas o trozos de melón
1 kiwi, en rodajas
4 cucharadas de yogur natural
bajo en grasas

Colocar ambas mezclas de frutas, el néctar
de chabacano o jugo de naranja, el jugo de
limón, el coñac y la miel en una cacerola
a fuego mediano. Llevar a punto de
ebullición, luego bajar el fuego y cocinar
a fuego lento 10 minutos. Agregar la
manzana, las fresas, las uvas o el melón
y el kiwi y mezclar. Servir caliente
o helada, con el yogur.

4 porciones

La miel y el azúcar
(morena o blanca)
son carbohidratos simples
que aportan energía
(kilojulios/calorías), aunque
proveen cantidades
insignificantes de vitaminas
y minerales. Reemplazar
el azúcar blanca por miel
o azúcar morena no
brinda ningún beneficio
para la salud.

*Cheesecake de fresas, Arroz
cremoso con frambuesas y
arándanos (página 72),
Popurrí de frutas al paso*

ARROZ CREMOSO CON FRAMBUESAS Y ARÁNDANOS

1090 kilojulios/260 calorías por porción – carbohidratos: elevado; grasas: bajo; fibras: medio

$^1/_2$ taza/100 g/3 $^1/_2$ oz de arroz
de grano corto
125 g/4 oz de arándanos
125 g/4 oz de frambuesas
4 cucharadas de yogur natural
bajo en grasas
3 cucharadas de yogur bajo en grasas
con sabor a frutas del bosque
$^3/_4$ taza/185 ml/6 fl oz de leche
evaporada descremada
1 cucharada de miel
$^1/_2$ cucharadita de especias surtidas molidas

1   Cocinar el arroz en agua hirviente en una cacerola grande 10-12 minutos o hasta que esté tierno. Escurrir y enjuagar con agua fría.

2   Colocar en un recipiente el arroz, los arándanos, las frambuesas, ambos yogures, la leche evaporada, la miel y la especias surtidas. Mezclar, distribuir en recipientes individuales y enfriar.

Variación: en lugar de frambuesas y arándanos se pueden utilizar frutas en lata escurridas y picadas, como duraznos, peras o chabacanos. El sabor del yogur también puede variar.

4 porciones

STRUDEL FRUTAL

1350 kilojulios/320 calorías por porción – carbohidratos: elevado; grasas: bajo; fibras: medio

5 hojas de masa filo
15 g/$^1/_2$ oz de margarina poliinsaturada,
derretida
2 cucharaditas de azúcar

RELLENO DE MANZANAS Y PERAS

1 manzana, picada
2 peras, picadas
125 g/4 oz de frutas desecadas surtidas
1 taza/60 g/2 oz de pan integral
seco, molido
3 cucharadas de azúcar
$^1/_2$ cucharadita de canela molida
1 cucharadita de cáscara de limón rallada
2 cucharadas de jugo de naranja

1   Para preparar el relleno, colocar en una cacerola la manzana, las peras, las frutas desecadas, el pan molido, el azúcar, la canela, la cáscara de limón y el jugo de naranja y llevar a punto de ebullición. Bajar la llama, tapar y cocinar a fuego lento 10 minutos o hasta que la mezcla espese. Enfriar.

2   Superponer las hojas de masa filo y untar con margarina una sí y otra no. Colocar el relleno en sentido diagonal sobre la masa y enrollar, plegando los costados hacia adentro a medida que se avanza. Apoyar el strudel sobre una placa ligeramente engrasada, pincelar con un poco de margarina y espolvorear con el azúcar. Hornear 10-15 minutos o hasta dorar.

4 porciones

Las frutas y verduras frescas en contacto con el medio pierden vitaminas después de recogidas. La magnitud de la pérdida depende de la manipulación y del tiempo que transcurra hasta el consumo. Las verduras que la industria congela inmediatamente después de la cosecha no sufren la misma exposición al medio y tienen un mayor contenido de vitaminas que las que se compran en la verdulería. Aunque las vitaminas se pierden de manera inevitable con la manipulación y el procesado de los alimentos, una dieta variada y bien equilibrada las provee en abundancia.

Temperatura del horno
200ºC, 400ºF, Gas 6

NATILLAS DE NARANJA AL CARAMELO

940 kilojulios/225 calorías por porción – carbohidratos: elevado; grasas: bajo; fibras: bajo

CARAMELO
$^1/_2$ taza/125 g/4 oz de azúcar
$^1/_2$ taza/125 ml/4 fl oz de agua

NATILLAS DE NARANJA
$^1/_2$ taza/30 g/2 oz de leche en polvo
descremada, tamizada
3 cucharadas de azúcar
4 huevos, ligeramente batidos
1 cucharadita de esencia de vainilla
2 tazas/500 ml/16 fl oz de leche
descremada, escaldada
1 cucharada de cáscara
de naranja rallada

3 En una asadera colocar las cazuelas y agua que llegue hasta la mitad de su altura. Hornear 20 minutos o hasta que un cuchillo insertado en el centro salga limpio.

4 Retirar las cazuelas de la asadera y dejar enfriar.

Sugerencia para servir: desmoldar los postres fríos sobre una bandeja y acompañar con chabacanos en lata.

6 porciones

Temperatura del horno
180ºC, 350ºF, Gas 4

Para escaldar la leche, enjuague una cacerola pequeña, con base pesada, vierta en ella la leche y lleve casi a punto de ebullición, revolviendo cada tanto. El escaldado ayuda a evitar que se corte durante la cocción.

1 Para preparar el caramelo colocar el azúcar y el agua en una cacerola de base pesada y cocinar a fuego bajo, revolviendo sin cesar, hasta que el azúcar se disuelva. Llevar a punto de ebullición y hervir sin revolver hasta que el caramelo tome color dorado. Distribuir en seis cazuelitas térmicas ligeramente engrasadas de $^1/_2$ taza/125 ml/4 fl oz de capacidad.

2 Para preparar las natillas, disponer en un recipiente la leche en polvo, el azúcar, los huevos y la esencia de vainilla y batir hasta que el azúcar se disuelva. Agregar la leche y la cáscara de naranja batiendo rápidamente, luego verter en las cazuelas.

Natillas de naranja al caramelo

BUDÍN DE PAN CON CHABACANOS

1605 kilojulios/385 calorías por porción – carbohidratos: medio; grasas: elevado; fibras: elevado

Temperatura del horno
180ºC, 350ºF, Gas 4

10 rebanadas de pan integral,
sin la corteza
75 g/2 ¹/₂ oz de chabacanos secos,
picados
200 g/6 ¹/₂ oz de mezcla de huevo sin
yema, a temperatura ambiente
1 taza/250 ml/8 fl oz de leche evaporada
descremada
2 tazas/500 ml/16 fl oz de leche
descremada
2 cucharadas de miel
¹/₂ cucharadita de canela molida

La mezcla de huevo sin yema es un producto sin colesterol y se consigue en la sección de congelados de los supermercados. Se elabora con claras, aceite poliinsaturado y leche descremada y se puede utilizar en la cocina en reemplazo de los huevos enteros. Un sachet (100 g/3 ¹/₂ oz) equivale a dos huevos enteros.

1 Cortar cada rebanada de pan por la diagonal. Acomodar un tercio de los triángulos de pan dentro de un molde para soufflé ligeramente engrasado, de 20 cm/8 in. Disponer la mitad de los chabacanos y luego cubrir con otro tercio de los triángulos de pan. Terminar con los chabacanos y el pan restantes, ubicando 6 triángulos junto a los bordes del molde y los demás en la parte central.

2 Colocar en un recipiente la mezcla de huevo sin yema, las leches descremadas y la miel y batir ligeramente para integrar. Verter sobre el pan y espolvorear con la canela.

3 En una asadera ubicar el molde, añadir agua hasta alcanzar la mitad de su altura y hornear 40 minutos o hasta que un cuchillo insertado en el centro salga limpio.

4 porciones

BUDÍN DE VERANO

1290 kilojulios/310 calorías por porción – carbohidratos: elevado; grasas: bajo; fibras: elevado

250 g/8 oz de arándanos
¹/₄ taza/45 g/1 ¹/₂ oz de azúcar morena
¹/₃ taza/90 ml/3 fl oz de jugo de grosellas
440 g/14 oz de cerezas deshuesadas
en lata, escurridas
250 g/8 oz de fresas, limpias
200 g/6 ¹/₂ oz de frambuesas
10 rebanadas de pan integral,
sin la corteza

1 Colocar los arándanos, el azúcar morena y el jugo de grosellas en una cacerola a fuego bajo y cocinar 5-10 minutos o hasta que los arándanos estén tiernos. Agregar las cerezas, las fresas y las frambuesas. Enfriar.

2 Forrar con el pan un molde para budín de 4 tazas/1 litro/1 ³/₄ pt de capacidad. Verter la mitad de la mezcla de frutas, intercalar una capa de pan, agregar el resto de las frutas y terminar con una capa de pan. Si quedó jugo de la cocción, rociar con él la superficie.

La mezcla de frutas se puede cocinar en microondas. Coloque los arándanos, el azúcar morena y el jugo de grosellas en un recipiente apto para microondas y cocine en HIGH (100%) 3-4 minutos. Complete como indica la receta.

3 Colocar un plato pequeño dentro del molde y apoyar encima un peso de 500 g/1 lb (una lata de frutas o un recipiente con agua son ideales). Refrigerar toda la noche.

Sugerencia para servir: desmoldar sobre una fuente y cortar en porciones.

4 porciones

Cuencos de Melón y Yogur

605 kilojulios/155 calorías por porción – carbohidratos: elevado; grasas: bajo; fibras: medio

2 melones cantaloupe pequeños,
en mitades y sin semillas
2 nectarinas, sin huesos y en tajadas
155 g/5 oz de fresas, en tajadas
155 g/5 oz de uvas negras

ADEREZO DE YOGUR

1 kiwi, picado grueso
³/₄ taza/155 g/5 oz de yogur natural
bajo en grasas
1 cucharada de miel

1   Para preparar el aderezo mezclar
en un recipiente el kiwi, el yogur y la miel.

2   Colocar las mitades de melón en
fuentes individuales. Llenar con las
nectarinas, las fresas y las uvas. Aderezar
y enfriar.

4 porciones

*Strudel frutado (página 72),
Budín de pan con
chabacanos*

Pruebe esta tentadora
combinación de frutas
en el desayuno.

CRUMBLE CRUJIENTE DE DURAZNOS

1450 kilojulios/345 calorías por porción – carbohidratos: medio; grasas: medio; fibras: elevado

Temperatura del horno
180ºC, 350ºF, Gas 4

Este postre también se puede preparar con chabacanos o peras en mitades en lata.

2 latas de 440 g/14 oz de duraznos en mitades, escurridos, y su líquido
pulpa de 2 frutas de la pasión
³/₄ taza/90 g/3 oz de müsli sin tostar
2 cucharadas de harina
1 cucharada de azúcar morena
30 g/1 oz de margarina poliinsaturada
4 cucharadas de nueces picadas
1 cucharadita de canela molida

1   Verter el líquido de los duraznos en una fuente térmica poco profunda. Luego acomodar las mitades de duraznos con el hueco hacia arriba. Colocar un poco de pulpa de fruta de la pasión en cada cavidad.

2   Combinar el müsli, la harina y el azúcar, luego añadir la margarina y frotar hasta obtener migas. Agregar las nueces y la canela. Esparcir la mezcla sobre los duraznos y hornear 20 minutos.

Sugerencia para servir: acompañar con yogur bajo en grasas, natural o con sabor a frutas.

4 porciones

CRÊPES PARA LA DESPEDIDA

1555 kilojulios/370 calorías por porción – carbohidratos: elevado; grasas: medio; fibras: bajo

1 taza/125 g/4 oz de harina
2 huevos ligeramente batidos
1 taza/250 ml/8 oz de leche descremada

RELLENO DE PIÑA Y RICOTA

200 g/6 ¹/₂ oz de ricota reducida en grasas
3 cucharadas de almendras fileteadas, tostadas
1 cucharada de miel
1 mango, en tajadas finas
220 g/7 oz de trozos de piña en lata, escurridos
coco rallado, tostado

Las crêpes se pueden preparar con anticipación. Cocínelas y déjelas enfriar. Luego apílelas intercalando separadores de alimentos, enváselas en una bolsa para frigorífico y congélelas; se conservan hasta 3 meses. Caliente cada crêpe congelada en microondas por 20 segundos o hasta que esté tibia, rellene y sirva.

1   Tamizar la harina en un recipiente. Mezclar los huevos y la leche, batir ligeramente y agregar la harina de a poco hasta lograr una pasta homogénea. Dejar reposar 30 minutos.

2   Calentar una sartén antiadherente a fuego mediano, verter 3 cucharadas de la pasta y cocinar de ambos lados hasta dorar. Retirar la crêpe de la sartén y mantenerla caliente. Repetir con la preparación restante.

3   Para hacer el relleno, combinar en un recipiente la ricota, las almendras y la miel. Colocar cucharadas de la mezcla de ricota sobre una mitad de cada crêpe. Coronar con mango y piña, luego doblar las crêpes en triángulos. Espolvorear con el coco rallado y servir de inmediato.

Variación: El mango y la piña se pueden reemplazar por otras frutas; por ejemplo, chabacanos frescos o en lata, duraznos o peras.

4 porciones

Budín de verano (página 74), Crumble crujiente de duraznos, Crêpes para la despedida

Informe sobre deportes

¿Cómo afectan a los deportistas el alcohol, el cigarrillo, la cafeína y los esteroides anabólicos? Esta sección responde muchos de los interrogantes y mitos.

Alcohol: éste siempre fue asociado con la "imagen deportiva". Mucha gente cree que el alcohol no daña en tanto se lo elimine mediante el sudor. El consumo excesivo de alcohol es peligroso, sin importar lo bien que uno se sienta o lo mucho que entrene. El ejercicio duro con una resaca es peligroso y no es recomendable: no ayuda a ponerse sobrio más rápido. El alcohol retarda el tiempo de reacción, deteriora la coordinación y la concentración y es una fuente pobre de carbohidratos. Sus propiedades deshidratantes afectan de manera adversa la regulación de la temperatura, aumentan el riesgo de sobrecalentamiento durante el ejercicio y demoran la rehidratación después del ejercicio.

Para los que cuidan su peso es una fuente de kilojulios (calorías) que tiene poco valor nutricional. El consumo excesivo de alcohol también agota ciertas vitaminas y minerales del cuerpo, en especial la vitamina B1, el ácido fólico, el zinc, el magnesio y el potasio. Las siguientes indicaciones lo ayudarán a beber con seguridad:

• Mantenerse en los niveles seguros (ver la página 49): ¡No beber el alcohol de una semana en una noche!

• Abstenerse del alcohol 24-48 horas antes de los encuentros deportivos.

• Después de la competencia compensar la pérdida de líquido con agua o bebidas ricas en carbohidratos, seguidas de una comida con alto porcentaje de carbohidratos. No beber alcohol inmediatamente después del ejercicio o con el estómago vacío.

• Evitar los ejercicios pesados después de beber grandes cantidades de alcohol.

Cigarrillo: el cigarrillo agota los niveles de vitamina C del cuerpo y aumenta el riesgo de contraer varias enfermedades como:

• cáncer de pulmón, de boca o del tracto respiratorio
• bronquitis
• enfisema
• presión sanguínea elevada
• enfermedades vasculares

En el mundo occidental, el cigarrillo es la mayor causa de enfermedad prevenible. Todos experimentamos los efectos del cigarrillo ya que somos fumadores pasivos cuando estamos expuestos al humo de los que fuman.

El cigarrillo afecta de manera adversa el desempeño atlético impidiendo el movimiento de entrada y salida de aire de los pulmones y limitando el transporte de oxígeno por el cuerpo. El ejercicio no evita los efectos adversos del cigarrillo. Para tener una buena salud y un mejor desempeño debería dejar de fumar ya.

Marihuana y hachís: estas sustancias no ofrecen beneficios para el desempeño atlético. Los efectos inmediatos de estas drogas incluyen elevación del ritmo cardíaco y la presión sanguínea, falta de coordinación y concentración y disminución de la sensación. También pueden ocurrir pérdida de la memoria inmediata, ansiedad, confusión e inflamación de los tejidos delicados del pulmón. También se altera la regulación de la temperatura.

LAS DROGAS Y EL DEPORTE

Para mejorar su desempeño y tener una mayor velocidad, rapidez y resistencia, algunos atletas buscan drogas. El primer informe sobre el uso de drogas en el deporte data del siglo III a. C. En este caso, se utilizó un alucinógeno extraído de una variedad de hongos para mejorar el desempeño. A través de los años, el uso de drogas se ha vuelto más sofisticado, ¡pero no menos peligroso!

Las pruebas antidoping en certámenes nacionales e internacionales no se practican como regla fija para proteger la salud de los atletas y para mantener al deporte como una competencia de habilidades naturales. Los atletas a quienes se les comprueba el uso de drogas son descalificados y a veces se los elimina en forma permanente. Una gran cantidad de drogas están prohibidas en las competencias y algunas están incluidas en preparaciones de venta libre. Una pequeña cantidad de ellas es suficiente para que una prueba de drogas sea positiva. Los atletas deben tener en cuenta los riesgos para la salud y los aspectos legales del consumo de drogas. Siempre deben buscar el consejo médico para tomar alguna medicación antes de una competencia.

DROGAS PROHIBIDAS

La siguiente es una lista de algunas drogas prohibidas:

Adrenalina y efedrina*
Cocaína, anfetaminas*
Nicotina, cafeína*
Aminas simpatomiméticas*
Analgésicos, betabloqueantes, diuréticos, esteroides anabólicos,

hormonas de crecimiento
* Pueden estar presentes en productos y medicamentos de venta libre.

Cafeína: los atletas la utilizan para estimular el sistema nervioso central y estar más despiertos. También la utilizan los atletas de resistencia para incrementar la liberación de ácidos grasos y retrasar la fatiga. Mientras que la capacidad de la cafeína para estimular el sistema nervioso central es bien aceptada, su utilidad para retrasar la fatiga aún es discutida. Los efectos perjudiciales incluyen insomnio, irritaciones gástricas y moderado incremento de la presión sanguínea y la temperatura corporal.
Sus propiedades diuréticas pueden

resultar perjudiciales para la hidratación y la regulación de la temperatura durante el ejercicio. Un consumo excesivo de cafeína puede afectar de manera adversa el equilibrio del hierro y el calcio. El abuso puede conducir a la descalificación.

Esteroides anabólicos: Son utilizados para aumentar la masa muscular y la fuerza. Aunque la eficiencia de los esteroides, sobre todo para incrementar la fuerza, ha sido cuestionada, al parecer mejoran el desempeño atlético, por lo menos en algunos atletas.
Sin embargo, los esteroides tienen muchos aspectos perjudiciales los cuales incluyen intoxicación hepática e incremento del riesgo de cáncer de hígado y enfermedad cardíaca, acné, retención de líquidos, agresión, alteración de la libido. En los hombres se puede producir calvicie y disminución de la producción de esperma. En las mujeres se puede detener

la menstruación, los rasgos físicos se pueden tornar más masculinos y se produce aumento de la vellosidad del cuerpo. Los esteroides pueden impedir el crecimiento de los niños.
Todos los deportistas deben saber que su uso para los deportes es ilegal y peligroso.

SUPLEMENTOS

Vitaminas: la necesidad de suplementos vitamínicos en los atletas es un tema controvertido. Algunos deportistas nos harán creer que son beneficiosos.
La amplia mayoría de las investigaciones muestra que si se ingiere una dieta bien equilibrada, los suplementos no mejoran el desempeño atlético. Algunas personas confían en que las vitaminas compensen una dieta pobre. Los suplementos no mejoran el contenido de carbohidratos ni reducen el contenido de grasas de la dieta y estos son los factores que requieren mayor atención y no la falta de vitaminas. Las grandes dosis de vitaminas son potencialmente tóxicas y podrían interferir en la absorción normal de otros nutrientes de la dieta. Las personas activas que ingieran dietas bien equilibradas no requieren suplementos vitamínicos. Para aquellos que se sientan inseguros sin suplementos, lo mejor es un complejo vitamínico en dosis bajas. Es importante que estos suplementos no se consideren sustitutos de la comida. Una excepción a esto es cuando los atletas viajan durante períodos prolongados. En estas circunstancias un suplemento multivitamínico puede ayudar a compensar una ingesta menos variada y equilibrada que la habitual.
Minerales: a veces los atletas con entrenamientos pesados requieren suplementos de calcio y hierro. Para mayor información consultar con un profesional.

Estar saludable, estar delgado

Una gran parte de las dietas para bajar de peso que se promueven al público están basadas en modas y no tienen bases científicas. La siguiente lista lo ayudará a juzgar si su dieta es adecuada.

LISTA PARA LOS QUE SIGUEN UNA DIETA

- La dieta debe incluir una variedad de alimentos tales como pan y cereales, frutas y verduras, carne magra y alternativas (huevos, aves, mariscos y legumbres), lácteos y cantidades limitadas de aceites y grasas. Debe incluir algún alimento de cada grupo de alimentos.
- La dieta debe incluir comidas regulares de acuerdo con su estilo de vida.
- El nivel de energía no debe ser menor que 4200 kilojulios (1000 calorías) por día. La gente activa no necesita dietas de menos de 6300 kilojulios (1500 calorías) por día.
- La dieta debe permitir una pérdida gradual de peso de 0,5-1 kilo por semana. La reducción de peso rápida aumenta la pérdida de agua y músculos. La pérdida de peso en niños y adolescentes se debe manejar con mucho cuidado ya que se puede comprometer el crecimiento si las pérdidas son demasiado rápidas. Se recomienda el mantenimiento del peso o por lo menos una pérdida gradual. De este modo podrán deshacerse de su exceso de peso.
- La dieta debe utilizar alimentos naturales y no incluir suplementos especiales.

DESÓRDENES DE LA ALIMENTACIÓN

Estar delgado está de moda en nuestra sociedad y muchas personas se ejercitan específicamente para lograr o mantener un cuerpo delgado. Para algunas, como los bailarines clásicos, gimnastas y patinadores artísticos, la delgadez es un requerimiento estético. Incluso en los círculos menos selectos existe una intensa presión para mantener un cuerpo delgado. Algunas personas que practican estas disciplinas tienen un tipo de cuerpo y metabolismo que tiende a ser delgado. Al parecer no tienen problemas en mantener el peso o la figura adecuada. Otros luchan constantemente para lograr lo que a veces es un peso poco realista para ellos.

Los desórdenes en la alimentación, como la anorexia o la bulimia, están asociados con las presiones sociales o los deseos personales de estar delgados. Son más comunes en las mujeres jóvenes que en los hombres.

Aunque las dietas por razones cosméticas o competitivas son una característica común de los desórdenes alimenticios, también existen problemas sicológicos paralelos. La gente con desórdenes alimenticios necesita buscar ayuda profesional: nutricional, sicológica o ambas. Un diagnóstico y tratamiento precoz es difícil ya que aquellos que están afectados niegan su situación.

Los atletas, entrenadores y padres deben ser realistas acerca de los pesos adecuados y considerar los peligros físicos y sicológicos relacionados con la presión de imponer metas demasiado inflexibles e irreales.

Índice